BEI GRIN MACHT SICH IHR WISSEN BEZAHLT

- Wir veröffentlichen Ihre Hausarbeit, Bachelor- und Masterarbeit

- Ihr eigenes eBook und Buch - weltweit in allen wichtigen Shops

- Verdienen Sie an jedem Verkauf

Jetzt bei www.GRIN.com hochladen und kostenlos publizieren

Torsten Scholz, Franziska Haas, Vera Papadopoulos

Das Recht auf Arbeit. Menschen mit Behinderung in der Arbeitswelt

Science Factory

Bibliografische Information der Deutschen Nationalbibliothek:

Copyright © 2013 GRIN Verlag GmbH
ISBN: 978-3-95687-130-6

http://www.grin.com/de/e-book/269621/das-recht-auf-arbeit-menschen-mit-behin-derung-in-der-arbeitswelt

Bibliografische Information der Deutschen Nationalbibliothek:

Die Deutsche Nationalbibliothek verzeichnet diese Publikation in der Deutschen Nationalbibliografie; detaillierte bibliografische Daten sind im Internet über http://dnb.d-nb.de abrufbar.

Impressum:

Copyright © 2013 ScienceFactory

Ein Imprint der GRIN Verlags GmbH

Druck und Bindung: Books on Demand GmbH, Norderstedt, Germany

Coverbild: pixabay.com

Das Recht auf Arbeit

Menschen mit Behinderung in der Arbeitswelt

Torsten Scholz (2012): Inklusion von Menschen mit geistiger Behinderung am Arbeitsplatz vor dem Hintergrund der UN-Konvention für Behindertenrecht....3

Einleitung 4

Teilhabe und Arbeit bei Behinderung 7

Werkstätten für behinderte Menschen (WfbM) im Überblick 20

Das Übereinkommen der Vereinten Nationen über die Rechte von Menschen mit Behinderungen in Bezug auf Teilhabe am Arbeitsleben 30

Kritische Reflexion der Werkstätten im Hinblick auf Teilhabe am Arbeitsleben in Bezug auf die UN-Konvention 36

Fazit 44

Literatur 49

Franziska Haas (2013): Soziale Inklusion. Integration von Menschen mit geistiger Behinderung in den Arbeitsmarkt 53

Danksagung 54

Abkürzungsverzeichnis 55

Einführung 57

Entwicklungen in der Behindertenhilfe 61

Menschen mit (geistigen) Behinderungen in der Arbeitsgesellschaft 70

Übergang von der Förderschule in die Arbeitswelt 81

Entwicklungsaufgaben und Besonderheiten Jugendlicher im Übergang 81

Empirische Sozialforschung an der Schule mit dem Förderschwerpunkt *Geistige Entwicklung* 106

Fazit/Ausblick 115

Literaturverzeichnis/Quellenverzeichnis 117

Vera Papadopoulos (2011): Inklusion und Exklusion. Menschen mit Behinderung und Arbeitslosigkeit 125

Inklusion im Zusammenhang mit der Sozialen Arbeit mit Menschen mit Behinderung 126

Umgang mit Behinderung – Realität und normative Vorschläge 129

Anwendung der Arbeitsansätze auf meinen Arbeitsbereich (Projektleitung MAE- Maßnahmen) 131

LITERATURVERZEICHNIS 134

Einzelpublikationen 136

Torsten Scholz (2012): Inklusion von Menschen mit geistiger Behinderung am Arbeitsplatz vor dem Hintergrund der UN-Konvention für Behindertenrecht.

Die aktuelle Beschäftigungssituation in den Werkstätten für behinderte Menschen (WfbM) und ein Ausblick in die Zukunft

Einleitung

Werkstätten für behinderte Menschen (WfbM) gehören in Deutschland nach wie vor zu den bestetablierten und bekanntesten Institutionen im Bereich der Hilfeleistungen für Menschen mit Behinderung und dabei insbesondere für den Personenkreis der Menschen mit geistiger Beeinträchtigung. Die Institution der Werkstatt gilt dabei als sehr typisch für die deutsche Behindertenhilfe, denn es handelt sich um ein stark etabliertes, institutionalisiertes System, das in anderen Ländern in der Form weniger verbreitet nd damit exemplarisch für die deutsche Hilfelandschaft ist, die immer noch sehr stark von Sondereinrichtungen mit aussonderndem, „beschützendem" Charakter dominiert wird.

Doch eben diese Stellung als Sondereinrichtung könnte für die künftige Entwicklung der Werkstätten-Landschaft zum Problem werden, denn es kommt eine neue Herausforderung auf die Behindertenhilfe zu, die Sondereinrichtungen in naher Zukunft möglicherweise infrage stellen und auf jeden Fall deren zukünftige Entwicklung prägen wird: Das von den Vereinten Nationen (United Nations, Abk. UN) verabschiedete Übereinkommen über die Rechte von Menschen mit Behinderungen („Convention on the Rights of Persons with Disabilities"), vereinfacht UN-Behindertenrechtskonvention genannt, wurde verabschiedet, um die Rechtslage für Menschen mit Behinderung zu verbessern und Menschenrechtsverletzungen vorzubeugen, von denen Menschen mit Behinderung besonders bedroht sind (vgl. Rothfritz 2010). Zu diesem Zweck werden erstmals wichtige Grundrechte für Menschen mit Behinderung in noch nie dagewesener Form und Deutlichkeit als Menschenrechte verankert, dabei auf behinderungsspezifische Probleme abgestimmt ausformuliert und für alle Mitgliedsstaaten der Vereinten Nationen verpflichtend eingeführt. Auch das Recht auf Arbeit wird dabei formuliert und bekräftigt. Inwiefern dies nun Auswirkungen auf die einzelnen Einrichtungstypen der Behindertenhilfe haben wird, ist noch umstritten – sicher ist aber, dass die Konvention die Zukunft des gesamten Behindertenhilfe-Systems prägen wird, und das insbesondere in Deutschland, wo, wie erwähnt, immer noch stationäre, institutionelle Einrichtungen das Bild prägen und die Hilfeleistungen häufig als starr, unflexibel und stark aussondernd kritisiert werden und in den vergangenen Jahrzehnten auch nur wenig spektakuläre Reformen durchgeführt werden konnten. Der Weg, den Menschen insbesondere mit geistiger Beeinträchtigung hierzulande gehen, ist nach wie vor in den meisten Fällen von Anfang an institutionell vorgezeichnet: Wenn man schon als Kind in eine Förder- oder Lernhilfeschule gerät, hat man in der Regel wenig Möglichkeiten, das Aussonderungssystem früher oder später zu verlassen – stattdessen folgt auf die Lernhilfeschule der Berufsbildungsbereich, der sich bereits in der Werkstatt für behinderte Menschen befindet, und dann die Arbeit in der Werkstatt selbst; ein Wechsel auf dem ersten Arbeitsmarkt ist kaum möglich. Auch bei der Wohnsituation sieht es wenig besser aus – geistig beeinträchtigte Menschen leben immer noch überwiegend bei ihren Eltern, und wenn nicht dort, in ganz klassischen stationären Wohnheimen, aber nur selten selbstständig oder in ambulant betreuten Wohneinrichtungen. In einigen anderen Ländern Europas lassen sich bereits wesentlich erfolgreicher umgesetzte Konzepte zur Auflösung der Sondereinrichtungen und Integration behinderter Menschen in gemeinschaftlich von Menschen mit und ohne Behinderung genutzte Einrichtungen beobachten; so etwa die Auflösung des Sonderschulsystems und die Integration lernbehinderter Kinder in die Regelschulen in Ländern wie Italien und Schweden oder die Integration behinderter Menschen in gemeinsam von behinderten und nicht behinderten Menschen genutzten Wohnquartieren in England durch das „Community Care"-Konzept. In Deutschland sind solche Reformen bislang kaum geschehen.

Die Aufgabe von Hilfeeinrichtungen für Menschen mit Behinderung ist es, Teilhabe zu ermöglichen, wobei den Werkstätten die spezielle Aufgabe zukommt, Teilhabe am Arbeitsleben zu ermöglichen. Mit diesen Überlegungen verbindet sich deshalb das Interesse, im Rahmen dieser Arbeit zu klären: Was bedeutet Teilhabe am Arbeitsleben und inwiefern werden Werkstätten für behinderte Menschen im Anbetracht der UN-Behindertenrechtskonvention ihrer Aufgabe gerecht, Menschen mit Behinderung Teilhabe am Arbeitsleben zu ermöglichen?

Meine Hypothese ist dabei, dass Sondereinrichtungen der Behindertenhilfe ihrer Aufgabe, Teilhabe am Arbeitsleben zu ermöglichen, nur ungenügend nachkommen und mit Blick auf die UN-Konvention für Behindertenrecht eigentlich als nicht mehr zeitgemäß anzusehen sind und rein rechtlich keinen Bestand mehr haben werden, da die UN-Konvention die Grundrechte von Menschen mit Behinderung dahingehend erweitern wird, dass

Sondereinrichtungen zunehmend in Frage zu stellen sind und stattdessen Möglichkeiten der Beschäftigung auf dem ersten Arbeitsmarkt zu fördern sind.

Ich werde mich dabei auf die Klärung der Begriffe „Teilhabe" und „Arbeit" konzentrieren und herausstellen, was Teilhabe bedeutet, bzw. was Leistungen zur Teilhabe sind. Des Weiteren werde ich erklären, was Arbeit der soziologischen Definition nach eigentlich ist und inwiefern die Werkstätten aktuell wirklich Teilhabe am Arbeitsleben ermöglichen. Ich werde möglichst vermeiden, eine rechtliche Definition von Teilhabe anhand der gängigen Paragraphen zu finden, da dies zu sehr einer juristischen Arbeit gleichkäme, was den Rahmen dieser Arbeit sprengen würde.

Im dritten Kapitel werde ich dann die Werkstätten für behinderte Menschen, wie sie in Deutschland verbreitet sind, kurz beschreiben, indem ich die geschichtliche Entwicklung der Beschäftigung behinderter Menschen und im darauf folgenden Kapitel den heutigen Entwicklungsstand der Beschäftigung in Werkstätten aufzeige. Anschließend werde ich im vierten Kapitel versuchen, die UN-Behindertenrechtskonvention darzustellen, und dabei aufzeigen, wie Arbeit dort gesehen wird und welche Rechte Menschen mit Behinderung in Bezug auf Arbeit der Konvention nach zustehen und wie gut dies der aktuellen Arbeitssituation entspricht. Ich werde mich dabei so weit wie möglich auf die Hilfeeinrichtungen für Menschen mit geistiger Beeinträchtigung beschränken, da diese immer noch den größten Anteil unter den in den Werkstätten beschäftigten Menschen ausmachen. So waren im Jahr 2011 unter den 291.711 Beschäftigten in den Werkstätten rund 77.41% Menschen mit geistiger Beeinträchtigung (vgl. Bundesarbeitsgemeinschaft Werkstätten für behinderte Menschen e.V. 2011). Zudem wird dieser Personenkreis noch einmal vor gänzlich andere Herausforderungen gestellt als Menschen mit körperlicher Behinderung. Des Weiteren werde ich mich bei der Beantwortung der Forschungsfrage so weit wie möglich auf den Aspekt der Teilhabe beschränken. Es folgt ein abschließendes, kritisches Fazit.

Teilhabe und Arbeit bei Behinderung

In diesem Kapitel werde ich werde ich den Begriff der Teilhabe im Kontext von Hilfeleistungen für Menschen mit Behinderung und anschließend den Begriff der Arbeit aus soziologischer Sicht definieren und dabei vor allem herausstellen, was Arbeit für Menschen mit Behinderung bedeutet und wie Teilhabe am Arbeitsleben definiert und realisiert wird.

Ich werde mich auf die soziologische Definition von Arbeit beschränken, da Arbeit aus zahlreichen verschiedenen Blickwinkeln betrachtet und dementsprechend verschieden definiert werden kann – sei es rechtlich, pädagogisch oder soziologisch. Ich werde mich dabei auf die soziologische Definition beschränken, da diese zum Ausdruck bringt, was Arbeit für die Gesellschaft wie für den Einzelnen bedeutet. Daraus werde ich dann ableiten, inwiefern die Teilhabe am Arbeitsleben, die in den Werkstätten geleistet wird, aus soziologischer Sicht zufriedenstellend ist.

Teilhabe, Integration und Inklusion

Der Begriff der Teilhabe wird im Bereich der Sozialen Arbeit in verschiedensten Zusammenhängen verwendet, sei es als übergeordnetes Ziel oder als konkrete Hilfeleistung. Doch so einfach und einleuchtend der Begriff auf den ersten Blick scheinen mag, so schwierig ist es dann doch, genauer zu definieren, was damit eigentlich gemeint ist. Denn tatsächlich handelt es sich dann doch um einen reichlich abstrakten und allgemein gefassten Begriff. Ursprünglich war der Begriff auch tatsächlich eher philosophisch als praktisch geprägt (vgl. Pöld-Krämer 2007), erst im Laufe der Zeit wurde er dann konkreter ausformuliert.

Versucht man zunächst einmal zu definieren, was Teilhabe eigentlich meint, so ist dies schon eine höchst anspruchsvolle Aufgabe. Teilhabe kommt von Teilnehmen und Teilhaben an etwas. Rein rechtlich gesehen meinte Teilhabe schon immer die Teilnahme an der Gesellschaft; vor dem Gesetz sind alle Mitglieder einer Gesellschaft Teilhaber (vgl. Welti 2005). Es kommt zudem selten bis nie vor, dass mit dem Begriff der Teilhabe nicht auch die Begriffe „Integration" oder „Inklusion" in Verbindung gebracht werden. Inklusion ist dabei der modernere der beiden Begriffe, der heutzutage häufiger angewandt wird, während der Begriff der Integration als veraltet gilt. In Folgenden werde ich deshalb versuchen, diese beiden Begriffe kurz zu definieren. Auch hier kann man verschiedene Wege der Definition anwenden, sei es aus pädagogischer oder soziologischer Sicht, wobei ich mich auf die soziologische Definition beschränken werde, da die pädagogische Definitionsweise mehr auf die konkrete pädagogische Arbeit bezogen ist, die soziologische Sichtweise hingegen auf die theoretischen Konzepte zur Umsetzung.

Integration bedeutet der soziologischen Definition nach, dass eine Minderheit oder Randgruppe den Normen und Lebensweisen der Mehrheitsgesellschaft angepasst werden soll (vgl. Fachlexikon der sozialen Arbeit 2007). Diese Sichtweise zeigt bereits, warum der Begriff heutzutage als veraltet angesehen werden kann, da es sich mehr um eine Form der Anpassung und Unterwerfung handelt, zudem wird auch impliziert, dass die Gruppe der Minderheit innerhalb der Mehrheitsgesellschaft als eigene Gruppe erhalten bleibt, aber keine wirklicher Austausch und keine Vermischung stattfindet. Da es heutzutage jedoch darum gehen soll, Vielseitigkeit und Unterschiedlichkeit zu fördern, stellen pädagogische und soziologische Konzepte zum Umgang mit Minderheiten heute wesentliche eher Dialog und Diversität in den Mittelpunkt. In Bezug auf die Arbeit mit behinderten Menschen bedeutet dies zum einen, dass die Zusammenarbeit und das Miteinander von Menschen mit und ohne Behinderung gefördert werden soll, und zum anderen, dass Menschen mit Behinderung nicht bloß Mitglieder der nicht behinderten Mehrheitsgesellschaft sein sollen, sondern auch auf ihre Bedürfnisse abgestimmt inkludiert und gefördert werden sollen. Da dies jedoch mehr bedeutet als Integration, wurden der Begriff und das Leitbild der Integration heute immer öfter von dem der Inklusion abgelöst.

Inklusion hingegen bedeutet wesentlich eher als Integration Einbeziehung und Zugehörigkeit, was auch schon im Wort zum Ausdruck kommt, das vom lateinischen „inclusio" („Einschluss") abgeleitet wurde. In einer inklusiven Gesellschaft sind alle Menschen unabhängig von äußerlichen Merkmalen wie Geschlecht, Ethnizität, körperlicher Verfassung und Intelligenz als gleichberechtigte Mitglieder akzeptiert und werden in ihrer Verschiedenheit gefördert (vgl. Niehoff 2007). Schon der Systemtheoretiker Luhmann ersetzte in seinen Theorien von Gesellschaft Integration durch Inklusion und beschrieb Inklusion als das spezifische Verhältnis zwischen Mensch und Gesellschaft (vgl.

Wansing 2005). Es wird in inklusiven (im Gegensatz zu integrativen) Gruppen nicht mehr zwischen verschiedenen Einzelgruppen unterschieden, sondern nur noch eine homogene Gruppe gesehen, die ihre Mitglieder in ihrer Verschiedenheit wahrnimmt und dabei als gleichberechtigte Mitglieder der Gesellschaft akzeptiert und fördert. Zudem wird neben der institutionellen zunehmend auch die emotionale und soziale Ebene des Zusammenlebens wahrgenommen (vgl. Hinz, ohne Jahreszahl). Auch die UN-Behindertenrechtskonvention greift, wie später weiter ausgeführt werden wird, den Begriff der Inklusion auf und fördert die Rechte von Menschen mit Behinderung unter dem Leitbild der Inklusion statt Integration.

Das Inklusionskonzept mag einem freilich als eine sehr stark beschönigende Idealvorstellung vorkommen, weshalb man es sich eher als Vision und Leitbild vorstellen kann. In Bezug auf die Arbeit mit behinderten Menschen hat dies zur Folge, dass Sondereinrichtungen nach dem Leitbild der Inklusion zumindest in Frage zu stellen sind und deshalb die Zukunft der Behindertenhilfe stattdessen in inklusiven Einrichtungen erfolgen sollte, um zu ermöglichen, dass die gesamte Biographie behinderter Menschen in gemeinsamen Einrichtungen mit Menschen ohne Behinderung stattfinden kann, angefangen bei inklusiven Kindergärten und Schulen über gemeinsame Arbeitsplätze bis hin zu gemeinsamen Wohneinrichtungen. Dem steht in der Realität jedoch das nach wie vor dominierende, etablierte System der stationären Sondereinrichtungen gegenüber; zudem ist die Beschäftigtenzahl in den Werkstätten seit Jahren steigend, weshalb anzunehmen ist, dass sich das Werkstattwesen in den kommenden Jahren eher noch weiter ausdifferenzieren wird. So ist alleine in den vergangenen drei Jahren die Zahl der Beschäftigten von 277.201 im Jahr 2009 auf 284.884 im Jahr 2010 und 291.711 im Jahr 2011 gestiegen (vgl. Bundesarbeitsgemeinschaft Werkstätten für behinderte Menschen e.V. 2011).

Benachteiligten und ausgeschlossenen Menschen Teilhabe zu ermöglichen, war und ist eines der Hauptanliegen der Sozialen Arbeit. Beruhend auf Studien und Theorien sozialer Ungleichheit, nach denen es in einer Gesellschaft immer soziale Unterschiede und Ungleichheiten gibt, wovon Randgruppen besonders betroffen sind, ist es die Aufgabe, Teilhabe von Menschen, die von der Gesellschaft aus welchen Gründen auch immer exkludiert wurden, wiederher- und sicherzustellen (vgl. Wansing 2005). Dennoch gibt es in der Sozialen Arbeit keine einheitliche Definition von Teilhabe. Was mit dem Begriff gemeint ist und wie er umgesetzt wird, ist zunächst einmal davon abhängig, in welchem Bereich der Sozialen Arbeit man sich befindet. So wird der Begriff der Teilhabe nicht nur im Bereich der Behindertenhilfe angewandt, sondern beispielsweise auch im Bereich der Armen-Fürsorge (vgl. Pöld-Krämer 2007). Grundsätzlich sind Teilhabe-Leistungen dort nötig, wo Personengruppen aufgrund spezifischer Risikofaktoren gesellschaftliche Ausgrenzung und damit Exklusion droht. Da Behinderung zu den Hauptrisikofaktoren gesellschaftlicher Exklusion zählt (vgl. Wansing 2005), bedarf es hier besonders sensibler und ausgefeilter Konzepte, um Teilhabe zu ermöglichen und sicherzustellen. Die Hilfeleistungen der Behindertenhilfe sind deshalb darauf ausgerichtet, die behinderungsspezifischen, verminderten Teilhabemöglichkeiten zu kompensieren und dadurch Teilhabe zu ermöglichen. Auch im Sozialgesetz ist Behinderung deshalb definiert als Einschränkung von Teilhabemöglichkeiten (§ 2 SGB IX), die durch Rehabilitations- und Teilhabeleistungen des sozialen Systems auszugleichen sind.

Die Leistungen zur Teilhabe lassen sich dabei in verschiedene Kategorien unterteilen:

Das eine sind ganz praktische Probleme, die deshalb als praktische Teilhabe zusammengefasst werden, wie etwa die Unerreichbarkeit von Orten, die nur über eine Treppe zu erreichen sind für Menschen, die auf den Rollstuhl angewiesen sind, oder auch die Frage, ob immer genug Behindertenparkplätze oder barrierefreie Fluchtwege vorhanden sind. In diesen Fällen kann man die Teilhabemöglichkeiten durch Barrierefreiheit verbessern, die dazu beiträgt, dass für Menschen mit Behinderung z. B. nicht nur ein Treppenhaus, sondern auch ein Fahrstuhl zur Verfügung steht. Doch Barrierefreiheit ist nicht nur auf räumlich-physikalische Probleme bezogen, sondern auch auf kognitive. So gibt es etwa das Problem, dass viele Menschen mit geistiger Beeinträchtigung nicht oder kaum lesen können und deshalb auf einen Vorleser angewiesen sind oder geistig nicht in der Lage sind, schwierige Texte zu verstehen und deshalb einfache Erklärungen benötigen. Hierfür gibt es Barrierefreiheit in Schriftform, die bedeutet, dass für geistig behinderte Menschen oder Analphabeten Texte durch Bilder verständlich gemacht werden oder es zusätzlich einen vereinfachten Text gibt.

Daneben gibt es aber noch weitere Formen der Teilhabe, die schon wesentlich komplexer sind, nämlich die Ermöglichung der gesellschaftlichen Teilhabe. Darunter fallen alle Hilfeleistungen, die über die rein physikalische Barrierefreiheit hinausgehen und die soziale Inklusion des behinderten Menschen in die Gesellschaft fördern sollen. Was darunter zu verstehen ist und wie genau dies zu geschehen hat, ist schwer zu definieren. Man möchte behinderten Menschen Teilhabe an der Gesellschaft ermöglichen, doch was ist eigentlich gesellschaftliche Teilhabe? Gemäß der heutigen Inklusionstheorien soll möglichst das Miteinander aller Gesellschaftsmitglieder gefördert werden. Können Sondereinrichtungen wie Wohnheime und Werkstätten, die Menschen mit Behinderung ja immer noch von der Gesellschaft weitgehend abgrenzen, überhaupt gesellschaftliche Teilhabe ermöglichen? Diese Fragen werden in der Behindertenhilfe heute kontrovers diskutiert.

Diese gesellschaftliche Teilhabe kann man dann noch einmal unterteilen in weitere Unteraspekte, die man in zwei Hauptkategorien unterteilen kann:

Teilhabe am Leben in der Gemeinschaft

und

Teilhabe am Arbeitsleben.

Unter Teilhabe am Leben in der Gemeinschaft sind alle Hilfeleistungen zu verstehen, die die Inklusion behinderter Menschen außerhalb des Arbeitsbereichs fördern, also etwa Angebote der Bildung, Freizeit, usw. Dabei gehen die beiden Begriffe bis zu einem gewissen Grad ineinander über, denn Arbeit gilt als „wesentliche[r] Aspekt für gesellschaftliche Teilhabe" (Kühn/Rüter 2008: 13). Über Arbeit wird auch die Freizeit und der Zugang zur Erwachsenenbildung und die soziale Interaktion gestaltet und gefördert (vgl. Fischer/Heger/Laubenstein 2011). Teilhabe am Arbeitsleben ist somit auch ein wichtiger Beitrag zur gesellschaftlichen Teilhabe; wer nicht am Arbeitsleben teilhaben kann, dem droht die gesellschaftliche Exklusion (vgl. ebd.).

Historische Ansichten zur Teilhabe behinderter Menschen

Da Behinderung rechtlich und soziologisch als Einschränkung von gesellschaftlichen Teilhabemöglichkeiten gesehen wird, ist es die Aufgabe der Behindertenhilfe, Teilhabe an der Gesellschaft zu ermöglichen. Dies gibt der Sozialen Arbeit mit behinderten Menschen zudem ein klares Ziel vor: Während in anderen Bereichen der Sozialen Arbeit oft Unklarheit über das genaue Ziel der Arbeit herrscht, so ist hier die Ermöglichung von gesellschaftlicher Teilhabe zum Ausgleich der behinderungsbedingten Einschränkungen von Teilhabemöglichkeiten als Zielvorgabe klar definiert. Die Ansichten darüber, wie dies geschehen soll und was dabei unter Hilfeleistungen und Partizipation respektive Teilhabe genau zu verstehen ist, haben sich im Laufe der Zeit mehrfach geändert. Im Folgenden werde ich kurz die unterschiedlichen Bedeutungen von Teilhabe in Rahmen der Behindertenhilfe darstellen. Dabei soll es weniger darum gehen, die historische Entwicklung aufzuzeigen, sondern lediglich aufzuzeigen, wie sich die verschiedenen Ansichten zur Teilhabe im Laufe der Zeit verändert haben.

Vom Anbeginn der Geschichte bis etwa zum Zweiten Weltkrieg gab es keinerlei ernsthafte Konzepte für die Teilhabe von Menschen mit geistiger Beeinträchtigung. Über die Jahrhunderte hinweg lebten sie in ihren Familien und ab dem Mittelalter immer häufiger auch in Zucht- oder Arbeitshäusern und später in Pflegeheimen. An die gesellschaftliche Inklusion dieser Menschen war damals noch lange nicht zu denken, sie hatten lediglich ihren Familienverband als soziales Umfeld. Wenn überhaupt gab es erst ab der Renaissance und dem damit verbundenen humanistischen Denken erste Überlegungen, dass auch behinderte Menschen in ihrer Würde geachtet werden müssen und man diesem Personenkreis Hilfeleistungen anbieten müsse, was im 17. Jahrhundert zu den ersten stationären Hilfs- und Pflegeeinrichtungen führte (vgl. Scheibner 2000). Konzepte zur gesellschaftlichen Teilhabe oder gar zur Erwerbsarbeit gab es aber nicht, stattdessen wurden Menschen mit geistiger Beeinträchtigung weiterhin ausgesondert, und die Hilfeleistungen beschränkten sich auf Pflegeleistungen. Im Dritten Reich wurde schließlich dafür gesorgt, Menschen mit Behinderung aus der Gesellschaft zu entfernen durch die massenhafte Zwangssterilisierung und schließlich die systematische Ermordung im Rahmen des Euthanasie-Programms. Deshalb beginnt die Entwicklung ernsthafter Konzepte zur

Partizipation und Teilhabe behinderter Menschen erst nach dem Zweiten Weltkrieg. Ein erstes konkretes Konzept zur Gleichbehandlung und Integration von Menschen mit Behinderung war das Normalisierungsprinzip, das bereits 1959 von dem dänischen Juristen Niels Erik Bank-Mikkelsen entwickelt wurde und in Dänemark und Schweden, später auch in den USA Verbreitung fand. In Deutschland sorgte dieses Konzept erst ab den 1980er Jahren für ein allmähliches Umdenken (vgl. Schlummer/Schütte 2006). Es war speziell auf Menschen mit geistiger Behinderung zugeschnitten und forderte, wie bereits der Name deutlich macht, eine „Normalisierung" der Lebenssituation geistig behinderter Menschen, indem ihnen ein möglichst „normales" Leben ermöglicht werden sollte, was einen normalen Tagesablauf, Jahreszeitenwechsel, Jahres-Rhythmus usw. umfasste. Anders als häufig kritisch angemerkt wird, war der Gedanke des Normalisierungsprinzips dabei nicht eine Anpassung an einen bestimmten, als „normal" empfundenen gesellschaftlichen „Mainstream", sondern lediglich eine Angleichung der Lebensbedingungen und -voraussetzungen. Teilhabe sollte dem Normalisierungsprinzip zufolge also durch die „Normalisierung" bzw. Angleichung von Lebensverhältnissen realisiert werden, wobei sich die Normalisierung ausdrücklich auf Lebensverhältnisse und nicht auf Personen bezog (vgl. u.a. Wansing 2005, Schlummer/ Schütte 2006). Auch wenn das Normalisierungsprinzip einen zweifelsohne sehr richtigen und wichtigen Ansatz darstellte und seine Gedanken bis heute diskutiert werden, gilt es heute dennoch als eher überholt, da zum einem die Konzeption der „einheitlichen" Lebensführung im Zuge zunehmender Individualisierung von Lebensverhältnissen als immer weniger zeitgemäß gilt und es zunehmend schwer fällt, zu definieren, was für einem Menschen eigentlich ein „normaler" Tagesablauf oder „normale" Lebensverhältnisse sind. Zum anderen beinhaltet der Begriff auch eine stigmatisierende und diskriminierende Wirkung, da er impliziert, dass die üblichen Lebensverhältnisse behinderter Menschen nicht als „normal" angesehen werden, was mit dem heutigen Gedanken der Inklusion, in der alle Gesellschaftsmitglieder gleich behandelt werden, zunehmend schwer vereinbar ist. Deshalb wird heutzutage anstelle von Normalisierung immer öfter der Begriff der „Gleichstellung" verwendet. Gleichstellung wird zunehmend zu einem bestimmenden Begriff der Behindertenpolitik und zeigt den Paradigmenwechsel weg von der defizitorientierten, auf Unterschiede zwischen

Personengruppen zielenden Perspektive hin zur Anerkennung von allen Mitgliedern einer Gesellschaft als gleichberechtigte Teilhaber. Neben der Chancen-gleichheit zielt Gleichstellung auch auf die Beseitigung von Unterschieden und damit auch auf die Beseitigung von Diskriminierung und Ungleichbehandlung ab (vgl. Baer 2007). Damit einher geht auch der Paradigmenwechsel von der Integration zur Inklusion, der die Gleichstellung anerkennt und auf die Beseitigung von Unterschieden und Benachteiligungen ausgerichtet ist.

Im Jahr 2001 erschien eine neue, seitdem gültige Definition von Behinderung und Teilhabe durch die Weltgesundheitsorganisation (WHO), die den Begriff von Behinderung neu definiert und zu einem „Verständniswandel" (Wansing 2005: 79) beigetragen hat. Die WHO veröffentlichte 2001 die „International Classification of Function, Disability and Health" (ICF), die den Nachfolger der 1980 erschienen „International Classification of Impairments, Disabilities and Handicaps" (ICIDH) darstellt und den Begriff der Behinderung im Vergleich zum Vorgänger gänzlich neu definiert. Neu ist vor allem, dass es im Gegensatz zum Vorgänger-Konzept erstmals ein für alle Behinderungsarten übergreifendes Gesamtkonzept gibt, um Behinderungen zu klassifizieren und objektivierbar zu machen. In diesem Zusammenhang hat sich auch die Sicht auf Behinderung geändert – während in der ICIDH noch eine wesentlich defizitorientiertere Sicht auf Behinderung zu finden war, hat sich die Perspektive nun gewandelt, und die Ressourcen-Orientierung steht im Mittelpunkt, was auch schon im Namen zum Ausdruck kommt. Behinderung wird mit der ICF nicht mehr als Zuschreibung spezifischer Defizite definiert, sondern als Zusammenspiel individueller Möglichkeiten und Kontextfaktoren unter Berücksichtigung von Wechselwirkungen und Umwelteinflüssen. Die zentralen Elemente dabei sind Funktionsfähigkeit, Behinderung und Gesundheit. Konkret wird zwischen den Dimensionen Körperstrukturen (anatomische Teile des Körpers), Körperfunktionen, Aktivität und Teilhabe unterteilt und auch die sogenannten Umweltfaktoren, also das gesamte Umfeld des behinderten Menschen, berücksichtigt. Behinderung wird nun als Zusammenspiel negativer Kontextfaktoren beschrieben (vgl. u.a. Schlummer/Schütte 2006, Wansing 2005). Der Teilhabe kommt dabei hohe Bedeutung zu. Teilhabe wird in der ICF nun als „Einbezogen-sein in eine Lebenssituation" („involvement in a life situation") definiert; Behinderung wird infolgedessen als Defizit von Teilhabe konstruiert (vgl. Welti 2005). Behinderung ist demzufolge eine Beeinträchtigung der Möglichkeiten der Teilhabe an der Gesellschaft. Die Sozialgesetzgebung hat deshalb das Ziel, Menschen mit Behinderung gleichberechtigte Teilhabe am Leben in der Gesellschaft zu ermöglichen, was auch bereits im §1 des SGB IX verankert ist (vgl. Welti 2005). Die Einrichtungen der Behindertenhilfe sind demnach Einrichtungen, deren Auftrag es ist, Menschen mit Behinderung Teilhabe zu ermöglichen. Insgesamt wird Behinderung damit nicht mehr als Grundlast eines Menschen angesehen, sondern als Zuschreibungsprozess. Es handelt sich nicht mehr um einen passiven Zustand, sondern um einen aktiven Prozess – man ist nicht, sondern *wird* vielmehr behindert. Dies dient auch der Stärkung der Rechte von Menschen mit Behinderung – durch die neue Definition soll die Sicht stärker auf die behinderungsbedingten Benachteiligungen der betroffenen Menschen gelegt werden und dadurch Menschenrechtsverletzungen vorgebeugt werden (vgl. Rothfritz 2010). Im Zuge dessen findet auch beim Prinzip der Hilfeleistungen für behinderte Menschen seitdem ein Paradigmenwechsel statt: Anstelle von bloßer „Förderung" in Form von defizitorientierten Hilfeleistungen steht zunehmend das Leitbild der Selbstbestimmung der Klienten im Vordergrund, was zur Folge hat, dass die Entscheidungs- und Mitbestimmungsrechte sowie die Auswahlmöglichkeiten der Klienten gestärkt werden. Auch die UN-Behindertenrechtskonvention fördert diesen Ansatz und stellt die individuelle Förderung und Achtung behinderter Menschen in den Mittelpunkt. Inwiefern dies jedoch in der Realität wirklich umsetzbar ist und umgesetzt wird, wird im weiteren Verlauf der Arbeit dargestellt.

Die UN-Behindertenrechtskonvention enthält allerdings keine konkrete Definition von Behinderung. Sie lehnt sich bei ihrer Sicht auf Behinderung aber eng an das soziale Modell von Behinderung nach der ICF an und sieht Behinderung als dynamischen Prozess und nicht mehr als defizitorientierten, medizinisch definierten Zustand (vgl. Demke 2011).

Die Funktion und Bedeutung von Arbeit

Im Folgenden werde ich kurz definieren, was Arbeit im Kontext von Behinderung und Teilhabechancen bedeutet. Ich werde mich auf die soziologische Sichtweise beschränken, da diese die Bedeutung von Arbeit für den Menschen als Individuum, aber auch für die Gesellschaft als Ganzes zu beschreiben. Darauf aufbauend werde ich dann erklären, inwieweit die Beschäftigung in Sondereinrichtungen der eigentlichen Bedeutung von Arbeit wirklich entspricht.

„Arbeit" ist ein Begriff, der einerseits jedermann geläufig ist und der, wenn man einmal überlegt, was darunter genau zu verstehen ist, dennoch schwer zu definierten ist. Man kann ihn, abhängig vom wissenschaftlichen Blickwinkel, auf nahezu jede erdenkliche Weise erklären, sei es aus rechtlicher, soziologischer, pädagogischer, betriebswirtschaftlicher, ethischer oder physikalischer Sicht. Hinzu kommt, dass es sich um einen hochgradig subjektiven, nie vollständig objektivierbaren Begriff handelt, dessen Definition und Auslegung auch immer „von der jeweiligen Realität eines Menschen" (Fischerauer 2005: 3) abhängig ist. Zudem unterliegt Arbeit auch immer einer natürlichen Evolution durch gesellschaftliche und wirtschaftliche Umwälzungen, die Auswirkungen auf das Leben der Menschen und damit auch auf die Bedeutung und das Verständnis von Arbeit hatten. Ich werde mich im Folgenden auf die aktuelle Sichtweise beschränken, die den gängigen Definitionen entspricht, aber vielleicht in einigen Jahren auch schon wieder als überholt gelten kann, insbesondere im hier dargestellten Kontext des Arbeitsfeldes der Werkstätten für behinderte Menschen, da durch die UN-Konvention und andere Reformversuche vielleicht auch schon bald hier Arbeit anders definiert werden kann.

Arbeit als (Erwerbs-)Tätigkeit

Arbeit ist auch im soziologischen Kontext keinesfalls eindeutig definiert. Es finden sich vielerorts gängige Kurzdefinitionen, die Arbeit beispielsweise als „zielgerichtete, soziale, planmäßige und bewusste, körperliche und geistige Tätigkeit" (Gabler Wirtschaftslexikon (Hrsg.) 2011) oder auch als

„zweckgerichtete, verstandesgeleitete menschliche Tätigkeit, die [...] dem Erwerb des Lebensunterhalten dient" (Promberger 2008) beschreiben. So abstrakt diese Definitionen auch klingen mögen, so steckt dennoch bereits vieles darin, das hilfreich ist, sich von dem Begriff ein Bild zu machen. So wird in beiden Erklärungsansätzen impliziert, dass Arbeit einen speziellen Zweck und ein spezielles Ziel verfolgt. Zudem geht die zweite Definition noch weiter und erweitert den Begriff um den Aspekt des Lebensunterhalts. In der Tat wird in der Soziologie davon ausgegangen, dass ein sehr wichtiger Aspekt der Arbeit auch der Erwerb des Lebensunterhaltes ist, was eigentlich alle Tätigkeiten, die nicht bezahlt werden, wie etwa ehrenamtliche Arbeit, ausschließt. Natürlich kann man auch nicht bezahlte Tätigkeiten als „Arbeit" definieren, weshalb zur Abgrenzung zu nicht bezahlten Tätigkeiten auch von Lohnarbeit oder Erwerbsarbeit die Rede ist. Zudem muss man auch den Begriff „Lebensunterhalt" differenziert betrachten, denn dabei kann unterschieden werden zwischen dem Erwerb von überhaupt irgendeiner Form von Lohn, aber auch von so viel Lohn, dass man damit auch wirklich seine Lebenshaltungskosten decken kann. Mit Lebensunterhalt ist dabei letzteres gemeint. Lebensunterhalt bedeutet das Erwirtschaften von ausreichend Geld, um seine Lebenshaltungskosten decken zu können.

Des Weiteren erwirtschaftet man nicht nur für sich selbst den Lebensunterhalt, sondern trägt auch dazu bei, die Wirtschaftsleistung des Arbeit gebenden Unternehmens und der gesamten Volkswirtschaft zu steigern, denn „Arbeit ist in allen Kulturen die Grundlage der Ökonomie" (Giddens, zit. nach Fischerauer 2005). Daran werden bereits deutlich die Doppelfunktion der Arbeit und der Kreislauf der Wirtschaft sichtbar, denn Arbeit dient sowohl dem Individuum als auch der Gesellschaft.

Dennoch gilt Arbeit trotz ihrer großen Bedeutung für den Menschen nicht als grundsätzlich positiv belegt, sondern der Begriff ist auch immer mit negativen Folgen wie Mühe, Anstrengung, Stress, Erschöpfung, etc. verbunden (vgl. u.a. Aßländer 2005).

Die soziale Bedeutung von Arbeit

Es besteht Konsens darüber, dass Arbeit neben der Selbstverwirklichung und dem Erwerb von Lebensunterhalt auch eine soziale Funktion hat und maßgeblich dazu beiträgt, auch die Sozialisation des Arbeitenden zu fördern. Dabei geht die soziale Funktion der Erwerbsarbeit über die bloße soziale Integration in die Gruppen der Arbeitskollegen und die Kommuni-kation mit Vorgesetzten oder Kunden weit hinaus: Sowohl das Selbstwertgefühl als auch die soziale Anerkennung werden durch den Beruf und den daraus resultierenden sozialen und ökonomischen Status maßgeblich beeinflusst (vgl. Gabler Wirtschaftslexikon 2011), manche reden gar davon, dass „Arbeit [...] nicht nur die Voraussetzung für materiellen Wohlstand [bildet], sondern [sie] wird selbst zum Ausweis des tugendhaften Lebens und bildet die Grundlage der vollwertigen bürgerlichen Existenz" (Aßländer 2005: 31) und dass „Arbeit heute ein lebensnotwendiger Bestandteil unseres kulturell und gesellschaftlich gewachsenen Daseins"(Fischer/Heger/Laubenstein 2011: 7) ist. Auch hier wird deutlich, wie sehr das gesellschaftliche Ansehen und die gesamte Sozialisation des Individuums von der Arbeit geprägt werden.

Bezieht man die soziale Bedeutung von Arbeit im Hinblick auf Sicherung des Lebens-unterhalts und Erwerb von Status nun auf Menschen mit geistiger Behinderung, so ist davon auszugehen, dass Arbeit für Menschen mit Behinderung in Vergleich zu Menschen ohne Behinderung grundsätzlich von gleich großer Bedeutung ist, da für jeden Menschen, ob mit oder ohne Behinderung, der Erwerb des Lebensunterhalts wichtig ist. Auch ist anzunehmen, dass die meisten Menschen mit Behinderung grundsätzlich gerne arbeiten (vgl. Hirsch/Kasper 2010). Für Menschen mit und ohne Behinderung ist ihr Arbeitsplatz ein wichtiger Ort der Sozialisation, an dem soziale Kontakte geknüpft und gepflegt werden. Es kann jedoch durchaus angenommen werden, dass Arbeit für Menschen mit geistiger Beeinträchtigung eine mindestens ebenso große, tendenziell vielleicht sogar noch größere Bedeutung hat (vgl. Kühn/Rüter 2008), sei es, weil die Möglichkeit der Selbstverwirklichung für behinderte Menschen bei der Arbeit besonders groß ist, da sie es aufgrund ihrer geistigen Defizite schwerer haben, sich selbst zu verwirklichen, sei es, weil durch die nicht immer gegebene Barrierefreiheit ihre gesellschaftlichen

Teilhabemöglichkeiten in ihrer Freizeit eingeschränkt sind, was die Bedeutung des Arbeitsplatzes als Ort der sozialen Interaktion erhöht.

Werkstätten für behinderte Menschen (WfbM) im Überblick

Um mich dem Ziel einer kritischen Auseinandersetzung mit den Werkstätten unter dem Aspekt Teilhabe zu nähern, werde ich zunächst einen Überblick über den Einrichtungstyp der Werkstatt für behinderte Menschen (WfbM) bieten, um aufzuzeigen, wie und woraus sich das heutige Werkstatt-Wesen entwickelt hat und wie der heutige Entwicklungsstand der Werkstätten ist.

Der Einrichtungstyp der Werkstatt für behinderte Menschen ist heute die dominierende Form der beruflichen Eingliederungshilfe für Menschen mit Behinderung in Deutschland. Die überwiegende Zielgruppe sind dabei nach wie vor Menschen mit geistiger Beeinträchtigung – sie machen 77,41% der deutschlandweit 291.711 Beschäftigten in den Werkstätten aus (vgl. Bundesarbeitsgemeinschaft Werkstätten für behinderte Menschen e.V. 2011). Die Zahl der Werkstatt-Plätze steigt dabei seit Jahren kontinuierlich. Die Gründe hierfür sind recht verschieden: Zum einem hat die Zeit des Dritten Reiches zu einem Bruch der Entwicklung der Behindertenhilfe geführt, sodass infolge der massenhaften Ermordung und Zwangssterilisation behinderter Menschen zur Zeit des Dritten Reichs eine ganze Generation behinderter Menschen praktisch ausgelöscht wurde. Dadurch gibt es in den heutigen Hilfeeinrichtungen fast ausschließlich nach dem Krieg geborenen Menschen mit Behinderung, die zudem allmählich ins Rentenalter kommen, sodass man sich erst jetzt mit dem Phänomen älterer behinderter Menschen auseinandersetzen muss. Zum anderen gibt es nach wie vor kaum Alternativen zur Beschäftigung in den Werkstätten, da es an Möglichkeiten der Beschäftigung auf dem ersten Arbeitsmarkt fehlt, wie ich im Folgenden näher ausführen werde. Zudem sorgen auch neue Arten von Behinderung für eine Erweiterung des Klienten-Kreises, darunter insbesondere die steigende Zahl von Menschen mit psychischer bzw. seelischer Behinderung (vgl. Kühn/Rüter 2008).

Die Werkstatt ist auch außerhalb des sozialen Systems als Einrichtungstyp der Behindertenhilfe bekannt, und eigentlich hat jeder eine recht konkrete Vorstellung davon: „Die Werkstatt" ist der Ort, wo Menschen mit Behinderung, die aufgrund ihrer Behinderung nicht auf dem ersten Arbeitsmarkt vermittelt werden können, beschäftigt werden. Doch auch wenn bekannt ist, dass Werkstätten dem Personenkreis der behinderten Menschen Arbeit bieten, so ist vieles doch der breiten Masse recht unbekannt und verborgen – so etwa die

Tatsache, dass die Werkstätten eigentlich nur eine zeitlich begrenzte Möglichkeit der Beschäftigung bieten und ihren Klienten eigentlich den Übergang auf den allgemeinen Arbeitsmarkt ermöglichen sollen. Dass der breiten Masse bislang auch kaum bekannt ist, dass Menschen mit Behinderung auch außerhalb der Werkstätten arbeiten und im Klischee davon ausgegangen wird, dass sie stattdessen ausschließlich in den Werkstätten arbeiten, zeigt bereits ein viel kritisiertes Problem der Werkstätten auf, nämlich, dass sie in der Kritik stehen, zu selten den Übergang auf den allgemeinen Arbeitsmarkt zu ermöglichen und stattdessen das Schicksal eines geistig behinderten Menschen immer noch weitgehend biographisch vorbestimmt scheint und ausschließlich in Sondereinrichtungen stattfindet – ist man einmal in der Förder- oder Sonderschule gelandet, folgt auf diese der Berufsbildungsbereich (BBB) der Werkstatt für behinderte Menschen und auf diese dann eine meistens lebenslang andauernde Arbeit in der Werkstatt. Fast vergessen bzw. unbekannt ist dabei die Tatsache, dass die Beschäftigung in den Werkstätten eigentlich kein dauerhafter Zustand sein soll.

Geschichtliche Entwicklung der Beschäftigung von Menschen mit geistiger Beeinträchtigung

Im Folgenden werde ich zunächst einen kurzen Überblick über die geschichtliche Entwicklung der Beschäftigung behinderter Menschen von den Anfängen bis zur Etablierung der Werkstätten bieten und mich dabei insbesondere auf die Beschäftigung von Menschen mit geistiger Beeinträchtigung konzentrieren, da diese, wie zuvor schon erwähnt, noch immer den mit Abstand größten Anteil der Beschäftigten in den Werkstätten ausmachen und es erklärt werden sollte, warum dieser Bereich sich so weit ausdifferenzieren konnte.

Der Umgang mit behinderten Menschen im Laufe der Geschichte

Menschen mit Behinderung hat es von Anfang der Menschheitsgeschichte an gegeben. Schon immer wurde dabei auch schon zwischen solchen mit körperlichen und geistigen Beeinträchtigungen unterschieden. Zudem haben sich diese beiden Personengruppen auch schon immer recht unterschiedlich entwickelt, was ihr Ansehen in der Gesellschaft und den gesellschaftlichen

Umgang mit ihnen betraf. So wurden Menschen mit körperlicher Beeinträchtigung, die früher meistens „Krüppel" oder, insbesondere, wenn es sich um Kriegsversehrte handelte, „Invaliden" genannt wurden, oft deutlich besser behandelt, als geistig beeinträchtigte Menschen. So ist etwa aus den ersten Hochkulturen (Ägypten, Griechenland, Rom) überliefert, dass körperlich behinderte Menschen durchaus gesellschaftliche Teilhabe-Möglichkeiten hatten und zum Beispiel im alten Rom körperlichen Einschränkungen mit „relativer Toleranz" (Kreissl 2004: 13) begegnet wurde, auch soll es im alten Rom bereits um 300 vor Christus eine stationäre Pflegeeinrichtung für Menschen mit körperlicher Beeinträchtigung gegeben haben (vgl. Kreissl 2004). Allerdings betrafen solche Beispiele wie gesagt, in der Regel nur Menschen mit körperlicher Beeinträchtigung, während Menschen mit geistiger Behinderung noch einmal vor ganz andere Schwierigkeiten gestellt wurden.

Das hauptsächliche Problem im Umgang mit geistig beeinträchtigten Menschen war jahrhundertelang, dass aufgrund mangelnder medizinsicher und psychologischer Kenntnisse der Forschung ihre geistigen Defizite nicht richtig eingeordnet und diagnostiziert werden konnten und Menschen mit geistiger Beeinträchtigung mit psychisch kranken und geistig verwirrten Menschen auf eine Stufe gestellt und als eine Gruppe zusammengefasst wurden, die zudem jahrhundertelang abwertende, verachtende Bezeichnungen wie „Schwachsinnige", „Irre", „Verrückte", „Blödsinnige", etc. (vgl. u.a. Meisinger 2000) erhielten.

Der Mangel an wissenschaftlichen Erkenntnissen über geistige Behinderung sorgte jahrhundertelang auch dafür, dass Menschen mit geistiger Behinderung religiösen Erklärungsversuchen und exorzistischen Ritualen ausgesetzt waren – Behinderung wurde der damaligen, religiös geprägten Mentalität entsprechend dämonisiert und als göttliche Strafe angesehen, insbesondere geistig behinderte Menschen wurden zudem häufig für von bösen Geistern oder Dämonen besetzt gehalten. Die Lage für geistig behinderte Menschen verbesserte sich erst mit der Aufklärung im 16. Jahrhundert, als sich nicht nur das allgemeine Menschenbild positiv wandelte, sondern auch das Psychiatriewesen sich allmählich ausbildete und Menschen mit geistiger Beeinträchtigung nun zunehmend dem Bereich der Psychiatrie zugeordnet wurden und erste stationäre, geschlossene Einrichtungen für die Versorgung dieses Personenkreises entstanden.

Erste Arbeitseinrichtungen für Menschen mit geistiger Beeinträchtigung

Sucht man nun nach den ersten Möglichkeiten der Beschäftigung für geistig behinderte Menschen, so wird man lange Zeit nicht fündig werden. Es ist anzunehmen, dass geistig beeinträchtigte Menschen jahrhundertelang nicht gearbeitet haben, sondern entweder bei ihren Familien oder später in den stationären Hospizen und Verwahrungsanstalten untergebracht waren und dort nie Arbeit im Sinne von Erwerbsarbeit geleistet haben, schon gar nicht in beschäftigungsähnlichen Verhältnissen, sondern hauptsächlich versorgt wurden. Es bestand „[j]ahrhundertelang [...] nur eine Möglichkeit der Unterbringung." (Hotter 2008: 163). Somit wurde ihnen die Möglichkeit der Teilhabe am Arbeitsleben jahrhundertelang verwehrt.

Erst im 19. Jahrhundert gab es erste ernsthafte Versuche, sozial schwachen Randgruppen, darunter auch Menschen mit geistiger Beeinträchtigung, Arbeit anzubieten – in Form der sogenannten Zucht- oder Arbeitshäuser (vgl. u.a. Bramberger 2008). Dabei handelte es sich um Sondereinrichtungen, in denen Menschen mit Behinderung und andere damals geächtete Randgruppen wie etwa Bettler, Diebe, Prostituierte und Homosexuelle (vgl. Häßler/Häßler 2005), die in der normalen Arbeitswelt unerwünscht , aber in begrenztem Maße arbeitsfähig waren, einfache, zumeist handwerkliche Tätigkeiten verrichteten und dafür auch bescheiden entlohnt wurden. Die Motivation dahinter war in dem meisten Fällen keinesfalls eine pädagogische, sondern eher das Bedürfnis der aufstrebenden Industriegesellschaft des 19. Jahrhunderts, angesichts des wachsenden Bedarfs an Arbeitskräften möglichst jeden Bürger, der auch nur begrenzt arbeitsfähig war, in die Arbeitswelt zu integrieren. Die Zustände in diesen Anstalten waren auch noch weit entfernt von pädagogischen Einrichtungen, sondern müssen recht grausam gewesen sein, denn anstelle von pädagogisch ausgebildetem Personal gab es lediglich „Wärter", die die Arbeit beaufsichtigten und bei Regelverstößen körperliche Strafen androhten und durchsetzten (vgl. Kreissl 2004). Dennoch war es das erste Mal, dass (arbeitsfähige) Menschen mit Behinderung in einer Sondereinrichtung einfache Tätigkeiten verrichten konnten und dadurch eine Möglichkeit der Teilhabe am Arbeitsleben bekamen, was dem späteren Konzept und Prinzip der Werkstätten bereits recht gut entspricht. Es war auch das erste Mal, dass Menschen mit Behinderung mit Arbeit ein bescheidenes Einkommen verdienen konnten, zudem wurden auch die

Industriebetriebe eingebunden, die Arbeitsaufträge in die Arbeitshäuser auslagerten, was ebenfalls schon recht exakt dem noch heute in den Werkstätten gebräuchlichen Prinzip der Werkstatt entspricht.

Einen heftigen Bruch erlitt die Entwicklung der Behindertenhilfe in Deutschland durch die Zeit des Dritten Reichs. Mit der Machtergreifung durch die Nationalsozialisten 1933 und die Gräueltaten gegenüber allen, die nicht ihrem Idealbild des „Ariers" entsprachen, wurden die Hilfeleistungen für behinderte Menschen praktisch zunichte gemacht. Körperlich und geistig behinderte Menschen waren wie auch andere Randgruppen der Diskriminierung, Verfolgung, massenhaften Zwangssterilisierung und schließlich der systematischen Ermordung im Rahmen des sogenannten Euthanasie-Programms schutzlos ausgeliefert. Insgesamt wurden durch die Gräueltaten der Nationalsozialisten geschätzte 350.000 bis 400.000 Menschen mit Behinderung zwangssterilisiert und ca. 70.000 ermordet (vgl. Bosse 2005). Dies war nicht nur ein fürchterliches Verbrechen gegen die Menschlichkeit, sondern warf auch die Entwicklung der Behindertenhilfe in Deutschland quasi auf den Nullpunkt zurück, sodass nach dem Krieg praktisch von vorne begonnen werden musste.

Dennoch gab es nach dem Krieg recht schnell wichtige Impulse für die Integration von Menschen mit Behinderung in die Gesellschaft, auch für die Teilhabe am Arbeitsleben. Diese neuen Ansätze gingen von zwei Gruppen aus: zum einem von den Eltern geistig behinderter Kinder, zum anderen von der Gruppe der im Krieg verletzen Soldaten, den Invaliden.

Die Etablierung der ersten Werkstätten

Auch wenn es, wie im vorigen Kapitel erwähnt, auch schon vor der Etablierung der ersten Werkstätten Versuche gab, Menschen mit Behinderung Arbeit zu geben, wird in der Fachwelt heute die Meinung vertreten, dass es für die Werkstätten keinen direkten historischen Vorgänger gibt, auch, wenn man die Zucht- und Arbeitshäuser des 18. und 19. Jahrhunderts durchaus als solche sehen kann (vgl. Cramer 2009). In der Tat gab es vor der Einführung der ersten Werkstätten sicher zumindest keinen derart zielgerichteten und mit pädagogischem Hintergrund angesetzten Versuch, Menschen mit Behinderung Teilhabe am Arbeitsleben in institutionalisierter Form zu ermöglichen.

Die ersten Werkstätten in Deutschland wurden zu Beginn der 1950er Jahre eingerichtet. Das Konzept der Werkstätten war damals bereits nicht mehr neu und wurde auch nicht in Deutschland erfunden – die ersten Werkstätten wurden bereits in den 1920er Jahren in den Niederlanden als Arbeitseinrichtungen für Sonderschul-Abgänger eingerichtet, in Deutschland entstand die erste Einrichtung 1927 in Düsseldorf (vgl. Meisinger 2001). Sie hatten noch zahlreiche verschiedene Bezeichnungen, meistens „schützende" oder „beschützte" Werkstätten, manchmal sogar „Bastelwerkstätten" oder „Bastelstuben". Diese Bezeichnungen mögen heute veraltet klingen, sagen aber eigentlich schon sehr viel über den (damaligen) Charakter der Werkstatt aus, denn sie bringen gleich zwei Dinge zum Ausdruck: Zum einem kommt in den Begriffen „(be)schützend" oder „geschützt" das bis heute gültige, wenngleich im Zuge der heutigen Anrechte auf Teilhabe und Inklusion zunehmend als überholt geltende Prinzip der Werkstätten als Sondereinrichtungen zum Ausdruck, in denen die Beschäftigten in einem „beschützenden" Ort, der auf ihre Defizite und Bedürfnisse abgestimmt ist, Arbeit verrichten können. Zum anderen kommt in Begriffen wie „Bastelstuben" oder „Bastelwerkstätten" auch ein heute komplett überholtes Bild der Werkstätten zum Ausdruck, nach dem es sich um Einrichtungen handelte, in denen damals in der Tat noch eher „gebastelt" und einfache Tätigkeiten verrichtet wurden, die eher der reinen Beschäftigung der Klienten dienten und eher wenig kommerziellen Anspruch hatten, wohingegen in den heutigen Werkstätten professionelle Arbeit verrichtet und Fertigungs- und Dienstleistungs-Aufträge erfüllt werden, weshalb das gesamte Werkstatt-Wesen mittlerweile ein hartes Geschäft ist, das mit „Bastelstuben" nicht mehr viel zu tun hat.

Auch die Finanzierung war in der Anfangszeit noch wenig professionell. So waren die ersten Einrichtungen hauptsächlich von privaten Organisationen durch Spendengelder finanziert worden und erhielten kaum öffentliche Gelder (vgl. Meisinger 2001). Die Hauptzielgruppe der Werkstätten waren damals schon Menschen mit geistiger Beeinträchtigung. Wirklich in Fahrt kam die Werkstattbewegung dann in den 60er Jahren, insbesondere mit der Einführung des Bundessozialhilfegesetzes (BSHG) im Jahr 1961. Die Entwicklung der Werkstätten hängt somit untrennbar mit der allgemeinen sozialpolitischen Entwicklung der Bundesrepublik zusammen (vgl. Fachlexikon der sozialen Arbeit 2007). Um die rechtlichen Vorschriften weiter zu konkretisieren, wurde dann 1980 die Werkstättenverordnung (WVO) eingeführt, die unterhalb des BSHG die genauere Ausgestaltung der Werkstätten regelt und den Grundsatz der einheitlichen Werkstatt einführte, der bis heute regelt, welche Anforderungen eine Werkstatt zu erfüllen hat, um ihren Aufgaben gerecht zu werden. (§1 WVO). Die Entwicklung der Werkstätten schritt stetig fort und unterlag und unterliegt bis heute zahlreichen Wandlungen und Kurswechseln sowohl rechtlicher als auch finanzieller und wirtschaftlicher Natur, so wie eben auch der Arbeitsmarkt und die nationale und weltweite Wirtschaft ständigen Wandelungen ausgesetzt sind. Die Entwicklung schlägt sich auch in den laufend wechselnden Bezeichnungen nieder: Aus den „Beschützenden" oder „Geschützten Werkstätten" wurde mit Einführung des Schwerbehindertengesetzes (SchwbG) 1974 die „Werkstatt für Behinderte" (WfB), die 2001 durch Einführung des Neunten Buches des Sozialgesetzes schließlich zur „Werkstatt für behinderte Menschen" (WfbM) wurde. Die verschiedenen Bezeichnungen drücken dabei sowohl die fortschreitende Professionalisierung des Werkstatt-Konzepts aus, das sich heute als professionelles und auf die Bedürfnisse der Wirtschaft wie der Beschäftigten abgestimmtes System präsentiert und mit den anfänglichen „Bastelstuben" nicht mehr viel gemein hat, aber auch die veränderte Sicht auf Menschen mit Behinderung, die heute nicht mehr bloß „Behinderte" genannt werden, sondern politisch korrekt „Menschen mit Behinderung" oder zumindest „Behinderte Menschen", um den betroffenen Personenkreis nicht alleine auf ihre Defizite zu reduzieren und somit Stigmatisierung vorzubeugen.

Die Einführung des neunten Buches des Sozialgesetzes am 1. Juli 2001 wird als „Meilenstein einer fortdauernden Entwicklung" (Schlummer/Schütte 2006: 16) angesehen. Das SGB IX regelt seitdem die „Rehabilitation und Teilhabe behinderter Menschen" und löst das 1974 eingeführte Schwerbehindertengesetz ab. Damit sind die Rechte behinderter Menschen nicht nur auf eine neue Ebene gehoben worden, sondern auch übersichtlicher zusammengefasst (vgl. Minniger/Hinterholz/Westermann 2007). Das SGB IX brachte auch einige Neuerungen für die Werkstätten mit sich, so etwa den rechtsgültigen Anspruch auf einen Vertrag über die Arbeit in der Werkstatt (vgl. Mosen 2007) oder auch die Werkstätten-Mitbestimmungsverordnung (WMVO), die als sehr wichtiges Instrument angesehen wird, um die Mitbestimmungsrechte der Beschäftigten zu fördern. Doch auch, wenn die Einführung des SGB IX einige wichtige

Neuerungen für die Lage von Menschen mit Behinderung gebracht hat, auch in Bezug auf die Werkstätten, so geschieht dessen Umsetzung bislang noch sehr zögerlich (vgl. ebd.).

Der heutige Entwicklungsstand der Werkstätten

Zahlen und Fakten

Wenn man die noch sehr bescheidenen Anfänge in den 50er Jahren des zurückliegenden Jahrhunderts sieht, ist es doch recht beeindruckend, wie schnell sich in den seitdem vergangenen Jahrzehnten das Werkstattwesen in Deutschland zu einem bundesweit verbreiteten Einrichtungstyp entwickelt hat. Heute existieren genau 701 Werkstätten in Deutschland, in denen 291.711 Beschäftigte arbeiten (vgl. Bundesarbeitsgemeinschaft Werkstätten für behinderte Menschen e.V. 2011). Die Werkstätten sind heute eine wichtige Stütze der Behindertenhilfe in Deutschland und die wichtigste Form der Hilfeleistungen zur Teilhabe am Arbeitsleben für Menschen mit Behinderung. Dabei kommt ihnen eine Doppelfunktion zu, da in den Werkstätten nicht nur Teilhabe am Arbeitsleben ermöglicht wird, sondern sie die Beschäftigten auch auf die Teilhabe vorbereitet, es ist deshalb auch von einem „Doppelcharakter der Werkstatt" (Haines/Jacobs 2002) die Rede.

Trotz der einheitlichen gesetzlichen Grundlagen sind die Werkstätten in ihrer konkreten räumlichen und konzeptionellen Ausgestaltung auch heute noch recht unterschiedlich: Es gibt Werkstätten mit angegliedertem Wohnheim und sogenannte Wohnstätten, die wie ein eigener, kleiner Stadtteil mit Werkstatt, Wohnmöglichkeiten und Geschäften aufgebaut sind; auch sind einige Werkstätten auf bestimmte Arten von Behinderung zugeschnitten. So gibt es Werkstätten für geistig behinderte Menschen, die angesichts der Tatsache, dass 80% aller Beschäftigten in den deutschen Werkstätten eine geistige Behinderung haben, logischerweise am häufigsten vertreten sind. Daneben gibt es aber auch eine wachsende Anzahl an Werkstätten und Arbeitsbereichen für Menschen mit psychischer bzw. seelischer Behinderung, die aufgrund ihrer spezifischen psychischen Probleme auf dem ersten Arbeitsmarkt kaum vermittelbar sind und auch nur schwer noch in bestehende Werkstätten integriert werden können. Die Klientengruppe der rein körperlich behinderten Menschen stellt in den

Werkstätten noch immer eine kleine Minderheit dar, sei es, weil sie nur körperlich und nicht geistig eingeschränkt sind und deshalb mehr Durchsetzungsfähigkeit besitzen und leichter auf dem ersten Arbeitsmarkt vermittelbar sind, sei es, weil Unternehmen immer noch zögern, Menschen mit geistiger Behinderung bei sich einzustellen.

Aufnahmekriterien

Werkstätten für behinderte Menschen bieten ihren Klienten, die meistens Beschäftigte genannt werden, zwar Arbeit, die aufgrund der Tatsache, dass die meisten verrichteten Tätigkeiten mittlerweile hochprofessionelle Auftragsarbeiten für Industriekunden oder auch professionelle Dienstleistungen sind, auch immer mehr einen Beschäftigungsverhältnis auf den allgemeinen Arbeitsmarkt ähneln. Dennoch gibt es einige Unterschiede, die die Werkstatt noch immer zu einem besonderen Arbeitsort machen:

Trotz ihres Charakters als Wirtschaftsbetrieb, in dem Waren produziert und Dienstleistungen angeboten werden, sind Werkstätten nach wie vor Einrichtungen der beruflichen Rehabilitation und somit noch immer Einrichtungen des sozialen Hilfesystems, aber keine „ausschließlich leistungsbetonte[n] Produktionsbetrieb[e]" (Cramer 2009: 86).

Werkstätten für behinderte Menschen stehen allen Menschen mit Behinderungen offen, zunächst unabhängig von den Grad und der Schwere der Behinderung, solange sie nicht, noch nicht oder noch nicht wieder als auf dem ersten Arbeitsmarkt vermittelbar gelten. Ausgenommen sind lediglich Menschen mit Behinderung, die aufgrund ihrer Behinderung eine Selbst- oder Fremdgefährdung darstellen. Zudem muss ein Mindestmaß an wirtschaftlich verwertbarer Arbeit vorliegen. Wichtigste Gesetzesgrundlage hierfür ist § 137 SGB IX, in dem die Aufnahmekriterien für die Werkstätten geregelt sind. Wer nun als behindert bezeichnet werden kann und wer nicht, ist dabei zweifelsohne schwer zu definieren, und eine Abhandlung, was eigentlich Behinderung ist, würde den Rahmen dieser Arbeit sprengen. Deshalb beschränke ich mich hier auf die aktuelle rechtliche Definition, demnach gilt ein Mensch als behindert und damit in einer Werkstatt aufnahmeberechtigt, dessen körperliche Funktion, geistige Fähigkeit oder seelische Gesundheit länger als sechs Monate von dem für das Lebensalter typischen Zustand abweicht sodass seine Teilhabemöglichkeiten gefährdet sind (§ 2 SGB IX).

Menschen mit Behinderung haben zudem ein Anrecht auf einen Werkstatt-Platz. Im Unterschied zu Arbeitnehmern auf dem allgemeinen Arbeitsmarkt brauchen sie sich deshalb nicht zu bewerben, sondern müssen lediglich ein Aufnahmeverfahren durchlaufen.

Die Beschäftigten sind zudem auch unkündbar, denn das Anrecht auf den Platz in der Werkstatt ist grundsätzlich zeitlich unbefristet. Darin besteht ein weiterer Unterschied zum ersten Arbeitsmarkt, den man durchaus kritisch sehen kann, denn Menschenmit Behinderung wird auf diese Weise zwar ein sicherer Arbeitsplatz gegeben, andererseits kann man kritisch einwerfen, dass die Beschäftigten dadurch nie, so wie Angestellte auf dem ersten Arbeitsmarkt, in Gefahr geraten, ihren Arbeitsplatz zu verlieren und um ihren Arbeitsplatz kämpfen müssen, obwohl Teilhabe am Arbeitsleben eigentlich auch solche Risiken beinhalten sollte, da sie auf dem ersten Arbeitsmarkt seit Jahrzehnten üblich sind. Andererseits ist durch die liberalen Aufnahmekriterien gesichert, dass Menschen mit Behinderung einen Platz in der Werkstatt bekommen und auch nicht verlieren können – sofern sie ihn benöitgen.

Die Sonderstellung der Werkstätten wird auch dadurch verdeutlicht, dass in fachlichen Diskurs die Werkstätten als „dritter Arbeitsmarkt" bezeichnet werden. Als „erster Arbeitsmarkt" gilt im Unterschied dazu der Arbeitsmarkt der freien Wirtschaft, als „zweiter Arbeitsmarkt" der Bereich der vorbereitenden Maßnahmen auf einen Arbeitsplatz (vgl. Kühn/Rüter 2008).

Das Übereinkommen der Vereinten Nationen über die Rechte von Menschen mit Behinderungen in Bezug auf Teilhabe am Arbeitsleben

Das folgende Kapitel setzt sich mit der UN- Behindertenrechtskonvention und ihre Auswirkungen auf die Hilfelandschaft in Deutschland in Bezug auf die Teilhabe am Arbeitsleben auseinander.

Allgemein wird die UN-Konvention, die die Rechte von Menschen mit Behinderung weltweit neu definiert und auf eine neue Stufe stellten soll, als großer Fortschritt gewertet, es ist die Rede von einer „umfassenden[n] Bedeutung für die [inter-]nationale Gestaltung gesellschaftlicher Verhältnisse" (Demke 2011: 28). Gleichwohl wird auch von Befürwortern darauf hingewiesen, dass „[d]ie Realisierung der UN-BRK [...] eine Herausforderung für sozialpolitische Verantwortungsträger dar[stellt]" (ebd.) und es zu „erheblichen legislativen und administrativen Herausforderungen" kommen wird (Bernstoff 2007, zit. nach Demke 2011). Hier zeigt sich bereits, dass sich die Umsetzung in den einzelnen Vertragsstaaten schwierig gestalten wird, was wiederum die Frage aufwirft, inwieweit die UN-Konvention wirklich Auswirkungen haben wird, sowohl auf die Lebensverhältnisse von Menschen mit Behinderung als auch auf die Hilfeleistungen in den Staaten, die sich verpflichtet haben, sie umsetzen. Auch stellt sich die Frage, inwieweit die neuen Rechte für Menschen mit Behinderung sich auf die allgemeinen gesellschaftlichen Verhältnisse in den Staaten auswirken werden.

Grundsätzliches zur UN-Konvention

Die Vereinten Nationen (UN) haben am 13. Dezember 2006 das Übereinkommen über die Rechte von Menschen mit Behinderung, verabschiedet; 2008 trat es offiziell in Kraft. Das Abkommen wird für einen Mitgliedstaat der UN verpflichtend, wenn dieser es anerkennt. Mittlerweile gilt die Konvention für gut drei Viertel aller Länder der Welt, darunter auch Deutschland. Die Konvention wird vereinfacht und abgekürzt UN-Behindertenrechts-konvention genannt, deshalb wird dieser Begriff der Einfachheit halber auch in dieser Arbeit verwendet. In Deutschland wird die

Konvention seit März 2009 verpflichtend anerkannt (vgl. Fischer/Heger/Laubenstein 2011).

Ziel der UN-Konvention ist die Verbesserung der Menschenrechtslage für Menschen mit Behinderung durch konkrete Ausformulierung von Grundrechten, angepasst an die spezifischen Probleme von Menschen mit Behinderung. Zwar gab es auch bislang schon eine gesetzliche Gleichberechtigung für Menschen mit und ohne Behinderung, doch geht die neue Konvention darüber noch hinaus und erkennt die Rechte von Menschen mit Behinderung auf gleichberechtigte Teilhabe und auch auf Ausgleich der durch die Behinderung entstandenen Nachteile als Grundrechte an, was einen deutlichen Fortschritt gegenüber bisherigen Gesetzesgrundlagen darstellt. Zudem geht es bei der Verbesserung der Rechtslage für Menschen mit Behinderung nicht nur darum, Nachteile auszugleichen, sondern auch Menschenrechtsverletzungen vorzubeugen, da die Gruppe der Menschen mit Behinderungen immer noch zu den am meisten gefährdeten Gruppen gehört, was die Verletzung der Menschenrechte und die Missachtung der Menschenwürde anbelangt (vgl. Rothfritz 2010). Inwiefern dies in den Paragraphen der Konvention eindeutig formuliert ist und ob und wie es in den die Konvention anerkennenden Mitgliedstaaten auch wirklich umsetzbar ist bzw. umgesetzt wird, ist aber noch durchaus umstritten. Zudem ist es momentan noch zu früh, bereits konkretere Vorhersagen zu machen, welche und wie starke Auswirkungen die UN-Konvention wirklich haben wird, da deren Umsetzung gerade erst anläuft und „noch keine gesicherten Angaben über ihre letztendliche Bedeutung bzw. ihre Auswirkungen gemacht werden können" (Demke 2011: 11).

Teilhabe am Arbeitsleben nach §27 der UN-Konvention

Die UN-Konvention geht im Artikel 27 auf die Rechte von Menschen mit Behinderung im Kontext von Arbeit und Beschäftigung ein. Der erste Absatz des Artikels lautet:

(1) Die Vertragsstaaten anerkennen das gleiche Recht von Menschen mit Behinderung auf Arbeit; dies beinhaltet das Recht auf die Möglichkeit, den Lebensunterhalt durch Arbeit zu verdienen, die in einem offenen, integrativen und für Menschen mit Behinderung zugänglichen Arbeitsmarkt und

Arbeitsumfeld frei gewählt oder angenommen wird. Die Vertragsstaaten sichern und fördern die Verwirklichung des Rechts auf Arbeit [...].

Hierbei handelt es sich wohlgemerkt um die *offizielle* Übersetzung der UN-Konvention, die jedoch sehr direkt aus dem Englischen ins Deutsche übersetzt wurde und deshalb in manchen Teilen ungenau und missverständlich geriet, da sie rein sprachlich übersetzt wurde. Deshalb wurde in Deutschland eine weitere, inoffizielle Übersetzung, die sogenannte *Schattenübersetzung*, durch Behindertenverbände vorgenommen, die sich von der inhaltlichen Intention her deutlich enger an das englischsprachige Original anlehnt. So wurden in der Schattenübersetzung beispielsweise Worte wie „integrativ" und „Integration" durch „inklusiv" bzw. „Inklusion" ersetzt, da, wie erwähnt, Integration als überholt gilt und zunehmend durch das Leitbild der Inklusion abgelöst wird.

Recht auf Arbeit (in einem inklusiven Umfeld)

Gleich der erste Ansatz des Artikel 27 enthält im Kern zwei Gewährleistungen (vgl. Rothfritz 2010): Zum einen den Schutz vor Diskriminierung, der durch das Wort „gleichberechtigt" zum Ausdruck kommt, zum anderen wird hier ein Recht auf Arbeit konkretisiert, wodurch das Recht auf Arbeit, das zu den klassischen sozialen Menschenrechten zählt (vgl. ebd.), erstmals konkret als Rechtsanspruch für Menschen mit Behinderung ausformuliert wird.

In weiteren Unterpunkten geht die Konvention auf die Förderung von Arbeit außerhalb von Sondereinrichtungen ein, so etwa im Unterpunkt Buchstabe j, der die Vertragsstaaten dazu verpflichtet, die Arbeitserfahrung behinderter Menschen auf dem allgemeinen Arbeitsmarkt zu fördern, was klar als Reaktion auf beschützende, aussondernde Einrichtungsformen wie Werkstätten zu sehen ist. Hier wird zugleich auch dazu aufgefordert, den besseren Übergang auf den Arbeitsmarkt durch entsprechende Maßnahmen zu fördern (vgl. Trenk-Hinterberger 2012). Im folgenden Buchstaben k ist davon die Rede, dass die berufliche Rehabilitation zur (Wieder-)Herstellung der Arbeitsfähigkeit behinderter Menschen zu fördern ist (vgl. Trenk-Hinterberger 2012, Rothfritz 2010). Da dies einer der eigentlichen Aufträge der Werkstätten ist, kann dies durchaus als Legitimierung der Werkstätten angesehen werden, unter der Voraussetzung, dass sie wirklich, wie eigentlich vorgesehen, nur der Rehabilitation dienen und nicht zum dauerhaften Arbeitsort werden.

Recht auf Erwerb des Lebensunterhalts

Ein wichtiger Fortschritt für die Rechte behinderter Menschen in Bezug auf Arbeit könnte der zweite Halbsatz des ersten Absatzes des Artikel 27 werden, in dem das Recht auf Arbeit dahingehend konkretisiert wird, dass das Recht auf Arbeit auch das Recht auf den „Erwerb des Lebensunterhalts" beinhaltet. Zwar ist kritisch anzumerken, dass der Begriff „Lebensunterhalt" und was darunter zu verstehen ist, nicht näher definiert wird (vgl. Trenk-Hinterberger 2012), aber es ist anzunehmen, dass unter „Lebensunterhalt" ein angemessener Lohn zu verstehen ist, der die tatsächlichen Lebenshaltungskosten deckt und Menschen mit Behinderung ein würdiges Leben in angemessenen finanziellen Verhältnissen ermöglichen kann. Hier zeigt sich bereits ein Widerspruch zum aktuellen Zustand des Werkstatt-Systems, da die dortigen Löhne, wie in Kapitel erwähnt, immer noch viel zu niedrig sind und nicht die tatsächlichen Lebenskosten decken, sondern die Beschäftigten auf zusätzliche finanzielle Hilfsleistungen durch den Staat angewiesen sind. Durch die Ausformulierung der Erwerbsarbeit als Grundrecht wird künftig hoffentlich auch hier eine Diskussion stattfinden, die die aktuellen rechtlichen Regelungen zum Thema in Frage stellt.

Anforderungen an den Arbeitsmarkt

Die UN-Konvention belässt es nicht bei der Benennung von Grundrechten wie dem Recht auf Arbeit, sondern geht auch weiter ins Detail und gibt konkrete Anregungen, was auf dem ersten Arbeitsmarkt zu ändern ist, um diese möglichst konsequent umzusetzen und fordert dabei auch Änderungen auf dem ersten Arbeitsmarkt ein, um die Beschäftigung von Menschen mit Behinderung dort zu fördern. Insgesamt konkretisiert die Konvention den Rechtsanspruch auf eine Beschäftigung auf dem ersten Arbeitsmarkt, und fordert hier nicht nur die Einrichtungen der Behindertenhilfe, sondern auch die Unternehmen des ersten Arbeitsmarktes zum Handeln auf. Laut Trenk-Hinterberger stellt dies auch an den Arbeitsmarkt erhebliche Voraussetzungen, da die Firmen der freien Wirtschaft dazu beizutragen haben, ein inklusives Umfeld zu schaffen, in dem Menschen mit und ohne Behinderung gemeinsam beschäftigt werden können. Dem gegenüber steht jedoch die zunehmende Rationalisierung und Gewinnmaximierung der Unternehmen der freien Wirtschaft, die zusammen mit dem immer höheren Ansprüchen an die Qualifikationen und Fähigkeiten der

Mitarbeiter eher keinen Platz für Menschen mit Behinderung lässt, weshalb die Unterhemen sicherlich nur schwer dazu zu bewegen sein werden, sich für Menschen mit Behinderung zu öffnen.

Umsetzung der UN-Konvention in Deutschland durch den Nationalen Aktionsplan (NAP)

In Deutschland wurde zur Umsetzung und Konkretisierung der Ziele der Konvention der Nationale Aktionsplan der Bundesregierung zur Umsetzung der UN-Behindertenrechts-konvention (NAP) herausgegeben, der die Aktionen zur Umsetzung in Deutschland darlegt, angepasst an die deutschen Verhältnisse. Nach der Vorstellung dieses Aktionsplans gaben zahlrechen Verbände und Interessengemeinschaften aus dem Bereich der Behindertenhilfe dazu offiziell Stellungnahmen ab, die großenteils sehr kritisch und negativ ausfielen. Der Diakonie-Bundesverband kritisiert in ihrer Stellungnahme die Aussagen zum Thema Werkstätten für behinderte Menschen als „allgemein und im Hinblick auf die Umsetzung der in Artikel 27 der BRK beschriebenen Ziele und Anforderungen zu wenig aussagekräftig" (Diakonie Bundesverband (Hrsg.) 2011: 4).

Auch der Behindertenverein Netzwerk Artikel 3 e.V. kritisiert den NAP als „in der vorliegenden Form [...] äußerst unzureichend" und hat zur Beurteilung des NAP ein Rating-System angelegt, das die Maßnahmen nach ihrer Konkretheit beurteilt und kommt dabei zu einem recht deutlichen Ergebnis: Gerade einmal 5% der Maßnahmen im NAP betreffen Gesetzesänderungen.

In der Stellungnahme vom Bundesverband für körper- und mehrfachbehinderte Menschen (bvkm) wird zum einen gelobt, dass durch den NAP „erstmals eine umfassende Darstellung aller Maßnahmen der Bundesregierung vor[liegt], die behinderte Menschen und ihre Angehörigen betreffen" (Bundesverband für körper- und mehrfachbehinderte Menschen (Hrsg.) 2011: 2). Kritisiert wird vom bvkm jedoch, dass der Aktionsplan zu wenig an den Aussagen der Konvention und eher an den Maßnahmen der Koalition im Bundestag orientiert sei und fordert deshalb zur Umkehrung dieser Verhältnisse einen neuen Aktionsplan, der sich an der UN-Konvention orientiert. In Bezug auf Arbeit und Beschäftigung lobt der bvkm zum einen den Ansatz, u.a. durch Verbesserung und Neuausrichtung des Werkstättenrechts vermehrt die Beschäftigung außerhalb der Werkstätten fördern zu wollen. Zu den Kritikpunkten zählt, dass zum einem Menschen mit schweren und mehrfachen Behinderungen noch immer von den Werkstätten ausgeschlossen werden und fordert die Aufhebung dieser Zugangs-voraussetzungen (vgl. Stellungnahme des bvkm. 2011).

Kritische Reflexion der Werkstätten im Hinblick auf Teilhabe am Arbeitsleben in Bezug auf die UN-Konvention

Förderung des Übergangs auf den ersten Arbeitsmarkt

Aus § 136 Abs. 1 des SGB IX geht hervor, dass Werkstätten eine Einrichtung zur Teilhabe am Arbeitsleben sind. Demnach ist die Ermöglichung von Teilhabe am Arbeitsleben das primäre, übergreifende Ziel der Werkstätten. Wie genau diese Teilhabeleistung auszusehen hat, geht aus dem weiteren Verlauf des § 136 hervor. Demnach hat die Werkstatt Menschen mit Behinderung zum Ziel, Menschen mit Behinderung, „die wegen Art oder Schwere der Behinderung nicht, noch nicht oder noch nicht wieder auf dem allgemeinen Arbeitsmarktbeschäftigt werden können", Rehabilitationsleistungen anzubieten (§ 136 SGB IX, Abs.1). Zudem steht die Werkstatt „allen behinderten Menschen […] unabhängig von Art oder Schwere der Behinderung offen" (§ 136 SGB IX, Abs. 2). Hier wird bereits recht eindeutig ausgesagt, wozu der Aufenthalt in der Werkstatt längerfristig führen soll: Sie soll denjenigen behinderten Menschen, die aktuell zur Arbeit auf dem ersten Arbeitsmarkt nicht fähig sind, zur beruflichen Rehabilitation und somit als Vorbereitung auf einen Beruf auf dem allgemeinen Arbeitsmarkt dienen. Es geht jedoch nicht daraus hervor, dass sie dauerhaft der Ort sein sollen, an dem behinderte Menschen beschäftigt werden – zumindest nicht für diejenigen Menschen mit Behinderung, die sehr wohl nach Abschluss der Rehabilitationsleistungen in der Werkstatt in der Lage wären, auf dem ersten Arbeitsmarkt zu arbeiten. Nur diejenigen Beschäftigten, die dauerhaft nicht in der Lage sind, ohne die spezielle Förderung durch die Werkstätten zu arbeiten, haben ein dauerhaftes Recht auf einen Werkstatt-Platz. Auch aus anderen gesetzlichen Vorschriften geht dies hervor. So sagt etwa § 5 Abs. 4 der Werkstättenverordnung (WVO) aus, dass „der Übergang von behinderten Menschen auf den allgemeinen Arbeitsmarkt durch entsprechende Maßnahmen zu fördern ist". Im weiteren Verlauf wird genauer ausformuliert, in welcher Form dies zu erfolgen hat – demnach sollen Werkstätten Praktika und Übergangsgruppen anbieten, begleitende Maßnahmen in der Übergangsphase anbieten, etc.. Daraus kann man schließen, dass die Werkstätten nicht durch die Beschäftigung der behinderten Menschen innerhalb der Werkstatt Teilhabe ermöglichen sollen, sondern die Leistungen zur Teilhabe der Vorbereitung auf die Integration in den allgemeinen Arbeitsmarkt dienen.

Natürlich könnte man argumentieren, dass dies auch so ausgelegt werden kann, dass die Menschen mit Behinderung, die in den Werkstätten beschäftigt werden, grundsätzlich aufgrund ihrer Behinderung nicht in der Lage seien, eine Beschäftigung auf dem ersten Arbeitsmarkt auszuführen, doch das Problem dabei ist zum einen, dass solche Sichtwesen von landläufigen Vorurteilen geprägt sind, die Menschen mit geistiger Behinderung die Fähigkeit, einen normalen Beruf auszuüben, grundsätzlich absprechen, was jedoch nicht der Realität entspricht (vgl. Rothfritz 2010).

Zum anderen ist es schwer, festzustellen und nachzuweisen, ob ein geistig behinderter Mensch, der in einer Werkstatt beschäftigt ist, auch eine Arbeit auf dem ersten Arbeitsmarkt auszuüben, da Testverfahren hierfür fehlen und es keine klaren Kriterien dafür gibt. Fakt ist jedoch, dass Menschen mit Behinderung, wie erwähnt, ein Mindestmaß an wirtschaftlich verwertbarer Arbeitskraft nachweisen müssen, um in einer Werkstatt aufgenommen zu werden. Daraus kann man schließen, dass die Beschäftigten der Werkstätten ihre Tätigkeit, was immer sie auch ist, rein theoretisch auch an einem Arbeitsplatz der freien Wirtschaft ausüben könnten, da sie wirtschaftlich verwertbar ist. Tatsächlich wird genau diese Überleitung und Vermittlung auf den allgemeinen Arbeitsmarkt jedoch in der Realität weitestgehend vernachlässigt: Wer einmal in der Werkstatt landet, hat praktisch kaum eine Möglichkeit, dort wieder herauszukommen und eines Tages in Bereich der freien Wirtschaft zu arbeiten, sondern arbeitet in der Werkstatt in der Regel für sehr lange Zeit, sehr oft bis zum Rentenalter. Dass der Übergang aus der Werkstatt auf den ersten Arbeitsmarkt nur ungenügend gefördert wird, zeigen die erschreckend geringen Übergangsquoten: Demnach gelang beispielsweise im Jahr 2001 nur 0,32% der Werkstatt-Beschäftigten der Übergang von einer Werkstatt auf den allgemeinen Arbeitsmarkt (vgl. Con_sens-Studie 2003), 2002 waren es gar nur 0,24% (vgl. Hanslmeier-Prockl 2009), nach andere Quellen 0,29% (vgl. Detmar u.a. 2002). Dass sich diese Quote auch in den darauffolgenden Jahren nicht verbessert hat, zeigen aktuellere Zahlen, etwa aus dem Jahr 2008, in dem sogar nur 0,16% der Übergang ermöglicht wurde (vgl. Detmar u.a. 2008).

Sieht man die Leistungen zur Teilhabe in den Werkstätten also darin, den Übergang auf den allgemeinen Arbeitsmarkt zu fördern, so findet dies in der Realität leider kaum statt.

Die Schuld dafür ist dabei aber freilich nicht bei den Werkstätten oder dem deutschen System der Behindertenhilfe alleine zu suchen. In die Verantwortung zu nehmen sind auch die Betriebe der freien Wirtschaft, die, wie schon im vorigen Kapitel erwähnt, immer noch kaum etwas tun, um Menschen mit geistiger Behinderung bei sich einzustellen. Tatsächlich stellen nur sehr wenige Betriebe des allgemeinen Arbeitsmarktes Menschen mit Behinderung bei sich ein oder bilden sie zumindest aus, was jedoch wiederum auch auf das Grundproblem des aussondernden Hilfesystems in Deutschland zurückzuführen ist, denn durch die „schulische und berufliche Besonderung" werden die „Betroffenen stigmatisiert" (Pfahl/Powell 2010) und haben von vornherein kaum Chancen auf eine Beschäftigung auf dem ersten Arbeitsmarkt. Hinzu kommt das häufige Vorurteil, dass Menschen mit Behinderung ohnehin nicht in der Lage wären, eine Arbeit auf dem ersten Arbeitsmarkt auszuüben, was jedoch schlichtweg nicht zutrifft (vgl. Rothfritz 2010), sondern meistens nur als Vorwand dient, sich nicht für die berufliche Inklusion behinderter Menschen einzusetzen. Dem widerspricht auch, dass, wie erwähnt, ohnehin ein Mindestmaß an wirtschaftlich verwertbarer Arbeitsleistung Grundvoraussetzung für die Aufnahme in einer Werkstatt ist. Wenn ein behinderter Mensch in der Lage ist, wirtschaftlich verwertbare Arbeit in einer Werkstatt zu leisten, so ist davon auszugehen, dass diese Arbeitsleistung genauso in einem integrativen Arbeitsumfeld auf dem ersten Arbeitsmarkt erfolgen könnte, was aber stärker forciert werden müsste. Im Endeffekt sind es beide Seiten, das System der Behindertenhilfe, aber auch die Unternehmen, die es Menschen mit Behinderung schwer machen, einen Arbeitsplatz außerhalb der Werkstatt zu finden und sich dabei gegenseitig bedingen. Dies ist ein Beispiel dafür, wie festgefahren die Situation hierzulande ist und wohl noch auf lange Zeit Probleme bereiten wird. Weiterhin ist auch das Sonderschul-System zu kritisieren, das den Übergang von der Sonderschule auf allgemeine Schulen oder direkt auf einen Beruf auf dem ersten Arbeitsmarkt erheblich erschwert und den direkten Übergang in die Werkstätten fördert (vgl. u.a. Fischer/Heger/Laubenstein 2011).

Stellenwert und Förderung von Arbeit in den Werkstätten

Nachdem ich nun die Teilhabeleistungen in den Werkstätten kritisch begutachtet habe, werde ich nun speziell auf das Thema Arbeit eingehen. Auch hier fallen einige Widersprüche auf, die Zweifel daran aufkommen lassen, dass die Werkstätten wirklich optimal für Teilhabe am Arbeitsleben sorgen, doch es gibt auch Argumente für die Werkstatt.

Der erste augenscheinliche Widerspruch ist die Tatsache, dass bei Arbeit immer wieder auch und vor allem von Erwerbsarbeit die Rede ist und Erwerbsarbeit dem Zweck dient, seinen Lebensunterhalt zu verdienen, in dem Sinne, dass man davon wirklich finanziell „leben" kann. Tatsächlich ist die Entlohnung der Beschäftigten in den Werkstätten für behinderte Menschen aber immer noch so gering, dass sie damit ihren Lebensunterhalt eben nicht bestreiten können und ihr Lohn nicht für die Existenzsicherung ausreicht, sondern die Beschäftigten trotz ihrer Arbeitsleistung auf finanzielle Hilfeleistungen durch den Staat, wie etwa Wohngeld oder Grundsicherung, angewiesen sind. Hirsch/Kasper bringen es ebenso treffend wie provokant auf den Punkt, wenn sie bei der Entlohnung in den Werkstätten von einer „staatlich gewollten Taschengeldsituation" reden (Hirsch/Kasper 2010: 37). Als Zahlen führen sie an, dass das Arbeitsentgelt in den Werkstätten lediglich 8,5% der Brutto-Löhne in Westdeutschland und sogar nur 7% in den neuen Bundesländern entspricht. Laut Kühn/Rüter (2008) liegt der monatliche Durschnitts-Verdienst eines Werkstatt-Beschäftigten bei gerade einmal 160 €. Gesetzesgrundlage für die Entlohnung ist § 138 Abs. 2 SGB IX, in dem geregelt wird, dass die Beschäftigten ein Arbeitsentgelt bekommen, das aus einem Grundbetrag in Höhe des Ausbildungsgeldes und einem individuell der Arbeitsleistung des behinderten Menschen angepassten Steigerungsbetrag besteht.

Hier zeigt sich bereits, dass eine Werkstatt, zumindest, solange die Löhne auf dem derzeitigen, sehr bescheidenen Niveau bleiben, niemals eine Beschäftigung auf dem ersten Arbeitsmarkt ersetzen werden kann, da das Lohn-Niveau niemals für einen ausreichenden Lebensunterhalt sorgen kann. Da, wie erwähnt, vom dem Lohnniveau und dem ökonomischen Status auch der soziale Staus und das soziale Ansehen in erheblichem Maße abhängt, kann auch das gesellschaftliche Ansehen der Beschäftigten einer Werkstatt nie mit einer Beschäftigung auf dem ersten Arbeitsmarkt gleichgestellt werden. Vielmehr ist anzunehmen, dass Menschen mit Behinderung und insbesondere diejenigen mit geistiger Behinderung es zwar ohnehin schwerer als nicht behinderte Menschen haben, soziales Ansehen zu erlangen, doch solange sie im Bereich einer Werkstatt arbeiten, wird es ihnen noch schwerer gemacht, da die Beschäftigung in der Werkstatt sicherlich eine stigmatisierende Wirkung hat und Beschäftigte einer Werkstatt niemals dasselbe Prestige und die soziale Anerkennung erlangen werden können wie Menschen ohne Behinderung, die auf dem ersten Arbeitsmarkt beschäftigt sind. Zwar ließe sich einwenden, dass Menschen mit geistiger Behinderung ohnehin wesentlich eher in Gefahr gerieten, der Diskriminierung, Geringschätzung und Verhöhnung durch den Rest der Gesellschaft ausgesetzt zu werden; auch könnte man argumentieren, dass auch eine einfache Tätigkeit auf dem ersten Arbeitsmarkt kein hohes soziales Ansehen bringt, doch der Status als Angestellter einer Sondereinrichtung des Behindertenhilfe-Systems trägt noch stärker dazu bei, dass diese Menschen von vornherein am unteren Ende der sozialen Skala anzusiedeln sind (vgl. Hirsch/Kasper 2010). Zudem ist auch hier zu differenzieren zwischen verschiedenen Arten der Behinderung: Wie auch unter Menschen ohne Behinderung gibt es auch bei Menschen mit Behinderung unterschiedliche Abstufungen des sozialen Ansehens, was freilich auch mit den verschiedenen Arten der Behinderung zusammenhängt, die unterschiedliche Möglichkeiten des sozialen Aufstiegs und der Karriere bieten: Wenn ein körperlich behinderter Mensch als Arzt promoviert oder ein sehbehinderter Mensch Jurist wird, haben diese aufgrund ihrer Behinderung zwar auch mit Hindernissen und Diskriminierung zu kämpfen, aber sie können es schaffen und soziales Ansehen gewinnen. Demgegenüber im Nachteil sind Menschen mit geistiger Behinderung, unter denen es keine soziale Abstufung gibt und die auch kaum soziale Aufstiegschancen haben.

Des Weiteren ist auch die Frage nach der sozialen Inklusion und Interaktion in den Werk-stätten zu hinterfragen, da es sich wie erwähnt, immer noch um eine Sondereinrichtung handelt, die Menschen mit Behinderung vom Rest der Gesellschaft aussondert und in der sie zudem ausschließlich mit anderen Menschen mit Behinderung zusammen sind, aber wenig soziale Interaktion mit dem (nicht behinderten) Rest der Gesellschaft stattfindet, was eigentlich im

Widerspruch zum bereits erläuterten Konzept der Inklusion bzw. inklusiven Gesellschaft steht. In den Arbeitsgruppen der Werkstätten sind Menschen mit Behinderung in der Regel unter sich, lediglich bei den pädagogischen Fachkräften und den Mitarbeitern des Allgemeinen Sozialen Dienstes (ASD) handelt es sich um Menschen ohne Behinderung, doch sind diese in der Regel auch eher Autoritätspersonen, aber keine gleichgestellten Mitarbeiter. Angesichts der großen Bedeutung von Arbeit als wichtiges Mittel der Sozialisation sollte, dem Leitbild der Inklusion entsprechend, folglich viel mehr die gleichberechtigte Zusammenarbeit von behinderten und nicht behinderten Menschen gefördert werden. Unter dem Leitbild der Inklusion sind die Werkstätten als Sondereinrichtungen deshalb eigentlich nicht mehr legitimierbar.

Doch es gibt auch einiges zur Verteidigung der Werkstätten zu sagen. Ein Argument ist sicherlich, dass sie grundsätzlich genauso als Orte des Erlernens und Ausübens von Arbeit sowie zur Sozialisation (als Erfüllung der sozialen Komponente von Arbeit) dienen kann, wie ein Betrieb des ersten Arbeitsmarktes. Auch ist festzuhalten, dass trotz der geringen Entlohnung die Arbeit in der Werkstatt für die Beschäftigten als durchaus attraktiv gilt, was neben der bereits erwähnten Tatsache, dass man ein zeitlich unbegrenztes Anrecht auf den Arbeitsplatz hat und praktisch unkündbar ist, nicht zuletzt an der Rente liegt, die nach 20 Jahren erreicht wird (vgl. Kühn/Rüter 2008). Prinzipiell lobenswert ist auch der Ansatz, dass die Werkstatt grundsätzlich allen Menschen mit Behinderung unabhängig von Grad und Schwere der Behinderung offen steht. Auch hieraus kann man eine Legitimierung ableiten, insbesondere, wenn man annimmt ist, dass nicht alle Menschen mit Behinderung, und dabei insbesondere diejenigen mit stärkeren körperlichen und geistigen Beeinträchtigungen, auf dem ersten Arbeitsmarkt dauerhaft beschäftigt werden können, da der heutige, kapitalistische Arbeitsmarkt mit seinen immer höheren Ansprüchen an Qualifikation, körperliche und geistige Leistungsfähigkeit des Arbeitnehmers wenn überhaupt nur solche Menschen mit Behinderung aufnehmen würde, die körperlich und geistig vergleichsweise leistungsfähig sind. Diejenigen Menschen mit Behinderung, die diese Ansprüche nicht erfüllen können, könnten dann weiterhin in Werkstätten beschäftigt werden.

Lösungs- und Reformansätze zur besseren Förderung der Teilhabe am Arbeitsleben

Bei aller Kritik an der Werkstätten-Landschaft sollte nicht unerwähnt bleiben, dass es in den vergangenen Jahren bereits einige Ansätze und Reformanstöße gegeben hat, um Menschen mit Behinderung bessere Möglichkeiten der Beschäftigung außerhalb einer Werkstatt zu bieten und damit zur besseren Teilhabe am Arbeitsleben beizutragen. Allerdings zeigt sich auch hier wieder die Festgefahrenheit des Systems, denn die guten und auch theoretisch schon recht gut entwickelten und durchdachten Ansätze werden in der Praxis durch die bekannten Probleme bislang nur sehr zögerlich umgesetzt. Dennoch sollten im Folgenden einige dieser Ansätze kurz erwähnt werden:

Eine Maßnahme zur besseren Zusammenarbeit von Menschen mit und ohne Behinderung sollen die sogenannten Außenarbeitsplätze in den Werkstätten bieten, die in der Praxis meistens so gestaltet sind, dass eine Arbeitsgruppe außerhalb der Werkstatt in einem Betrieb der freien Wirtschaft arbeitet, entweder als Gruppe, die dann von einem Gruppenleiter betreut wird, oder auch Einzel-Arbeitsplätze (vgl. Kühn/Rüter 2008). Dies ist sicherlich ein guter, sinnvoller Ansatz, der künftig ausgebaut und gefördert werden sollte, bislang jedoch nur für eine Minderheit der Beschäftigten zur Verfügung steht. Zumal diese Außenarbeitsplätze in einigen Fällen dem Beschäftigten auch mehr Kontakt mit den Endkunden ermöglichen, insbesondere im Dienstleistungsbereich. Auch durch mehr Kundenkontakt kann letztlich zur verstärkten Interaktion zwischen Menschen mit und ohne Behinderung beigetragen werden.

Einen Schritt weiter als die Außenarbeitsplätze gehen die Integrationsfachdienste (IFD), bei denen es sich um Einrichtungen handelt, die sogenannte „unterstützte Beschäftigung" anbieten und durch persönliche Betreuung des behinderten Menschen unabhängig von Träger und Schnittstelle diesen bei der Rechtsgrundlage für die Arbeit der Integrationsfachdienste ist § 110 SGB IX. Die Aufgabe der IFD ist es, die bessere Teilhabe behinderter Menschen an der Gesellschaft durch bessere Vermittlung schwerbehinderter Menschen auf den ersten Arbeitsmarkt, wobei die Zahl der beratenen Menschen aber weit höher liegt als die Vermittlungsquoten (vgl. Kühn/Rüter 2008).

Nicht zu verwechseln mit dem Integrationsfachdiensten sind die Integrationsfachbetriebe, Integrationsprojekte oder Integrationswerkstätten, die eine Mischform aus erstem Arbeitsmarkt und Werkstätten darstellen, da sie sowohl nicht behinderte als auch eine bestimmte Quote an behinderten Menschen beschäftigen. Diese Betriebe haben bereits deutlich mehr Ähnlichkeit mit Betrieben des ersten Arbeitsmarktes als eine Werkstatt, allerdings sind sie insbesondere in ländlicheren Regionen noch nicht flächendeckend vorhanden (vgl. Wenzel 2011). Die Gesetzesgrundlage ist §132 SGB IX.

Ein weiter wichtiger Schritt für mehr Selbstbestimmung bei der Arbeitsplatz-Wahl ist das am 1.1.2008 als Rechtsanspruch für Menschen mit Behinderung eingeführte Persönliche Budget (§17 SGB IX). Hierbei wird den Beschäftigten ein Budget zur Verfügung gestellt, über das er selbst verfügt und mit dem er, vertraglich mit der Hilfeeinrichtung geregelt, seine Hilfeleistungen selbst aussuchen kann, sowohl bei der Pflege und Betreuung, aber auch bei der Wahl des Arbeitsplatzes. Damit soll u.a. ermöglicht werden, dass der Beschäftigte mehr Entscheidungsfreiheit und mehr Möglichkeiten bei der Wahl der Hilfeleistungen bekommt. Dieser sehr gute Ansatz hat in der Realität aber auch wieder das Problem, dass die Umsetzung aufgrund der starren und wenig reformoffenen deutschen Hilfelandschaft bislang nur sehr zögerlich in Gang kommt. Zudem erfordert die Organisation des persönlichen Budgets auch ein relativ hohes Maß an Eigeninitiative und Eigenverantwortung, was von einem Menschen mit geistiger Beeinträchtigung, je nach Art und Schwere der Behinderung, sicherlich auch nicht immer oder nur schwer geleistet werden kann.

Fazit

In der vorliegenden Arbeit habe ich sowohl den aktuellen Entwicklungsstand der Teilhabe am Arbeitsleben in den Werkstätten kritisch reflektiert, als auch einen Ausblick auf die künftige Entwicklung zu geben versucht. Dabei fällt das Fazit zwiespältig aus. Einerseits ist zweifelsohne festzustellen, dass in der deutschen Hilfelandschaft noch sehr viel getan werden muss, um die berufliche Inklusion behinderter Menschen zu fördern. Es wird in der deutschen Hilfelandschaft bislang eindeutig zu wenig dafür getan, Menschen mit Behinderung Teilhabe am Arbeitsleben in Form von inklusiver Erwerbsarbeit zu ermöglichen, die zum einem nicht in Sondereinrichtungen, sondern auf dem ersten Arbeitsmarkt oder zumindest in inklusiven Gruppen mit Menschen mit und ohne Behinderung erfolgt, und die zum Anderen auch wirklich den Lebensunterhalt sichert und damit dem Begriff der *Erwerbs*arbeit tatsächlich entsprechen kann, was auch in der UN-Konvektion aufgegriffen und als Grundrecht anerkannt wurde. Zugleich muss konstatiert werden, dass es zwar schon Ansätze gibt, die in diese richtige Richtung gehen, aber bislang zu wenig und zu langsam in die Tat umgesetzt werden und künftig stärker gefördert werden sollten. Wenn ich nun zu der anfangs aufgestellten Hypothese zurückkomme, dass Werkstätten vor dem Hintergrund der UN-Konvention eigentlich nicht mehr legitimierbar sind, so lautete mein ursprüngliches Fazit, dass Werkstätten eigentlich dem heutigen Inklusionsgedanken widersprechen und deshalb als nicht mehr zeitgemäß anzusehen sind und abgeschafft werden müssten. Nach nochmaliger Sicht der Argumente pro und contra Werkstatt bin ich jedoch insgesamt zu der Überzeugung gekommen, dass es sehr wohl auch einige gute Argumente für die Werkstatt gibt, die deren Erhalt rechtfertigen, wie etwa die Tatsache, dass das Argument der Rehabilitation und berufsvorbereitenden Maßnahmen durchaus auch heute noch Bestand hat und die Werkstätten daraus ihre Legitimation ziehen könnten, dass sie, so wie auch im Sozialgesetzbuch vorgeschrieben, sich ganz auf Rehabilitationsleistungen beschränken und damit der beruflichen (Wieder-)Eingliederung dienen, der Aufenthalt aber zeitlich begrenzt und der Übergang auf den ersten Arbeitsmarkt stärker gefördert wird. Positiv ist in Bezug auf die Werkstätten auch festzuhalten, dass Werkstätten für behinderte Menschen und insbesondere für geistig behinderte Menschen häufig die einzige Möglichkeit sind, überhaupt Arbeit zu leisten und geschichtlich ohne direkten Vorgänger sind, sodass mit ihrer Etablierung schon viel zur Verbesserung der sozialen Lage behinderter Menschen beigetragen wurde. Lobenswert ist auch die Offenheit der Werkstätten, die allen Menschen mit Behinderung unabhängig von Art und Schwere der Behinderung offen stehen.

Die UN-Konvention wird einen weiteren Schritt darstellen, der künftig dazu beitragen wird, Sondereinrichtungen in Frage zu stellen und stattdessen unter dem Leitgedanken der Inklusion das bessere gemeinsame Zusammenleben und damit auch Zusammenarbeiten von Menschen mit und ohne Behinderung zu fördern. Allerdings zeichnen sich bereits die ersten Probleme bei der Umsetzung durch den Nationalen Aktionsplan (NAP) ab, der zu wenig konkrete Maßnahmen enthält und sich zu wenig an der UN-Konvention orientiert, was die Entwicklung in Deutschland sicherlich verzögern wird. Neben politischen Reformen wie Nachbesserungen am Aktionsplan erscheint es deshalb wichtig, dass weiterhin Sozialforschung betrieben wird, um aufzuzeigen, wo es bei der Umsetzung zu Problemen kommen könnte und was zur besseren Umsetzung beitragen könnte.

Das Fazit fällt somit insgesamt zwiespältig aus – mag auch die Kritik an den Werkstätten in vielen Punkten gerechtfertigt sein, so finden sich auch viele Argumente für die Aufrechterhaltung der Werkstätten, und aufgrund der schieren Größe und Bedeutung, die die Werkstätten innerhalb der deutschen Hilfelandschaft einnehmen, ist ohnehin davon auszugehen, dass man sie nicht einfach abschaffen können wird, weshalb vielmehr Konzepte zur Koexistenz sowohl von Werkstätten als auch von vermehrten Versuchen, Menschen mit Behinderung auf dem ersten Arbeitsmarkt zu integrieren, die zukünftige Entwicklung prägen werden.

Gleichwohl gilt es zu bedenken, dass alle zukünftigen Entwicklungen, insbesondere diejenigen, die im Zusammenhang mit der UN-Konvention steht, letztlich sehr vage und spekulativ sind und es noch nicht klar vorhergesagt werden kann, wie sich die Einrichtungen wirklich weiterentwickeln werden. Deshalb kann es sich bei allen aktuellen Abhandlungen zum Thema letztlich nur um aktuelle Wasserstandsmeldungen und vorsichtige Vorausdeutungen handeln, aber konkrete Vorhersagen sind noch nicht möglich. Deshalb kann diese Arbeit sicherlich auch keine konkreten Aussichten bieten, sondern lediglich aktuelle Tendenzen und Widersprüche aufzeigen.

Versucht man nun, unter Berücksichtigung der bisher erläuterten, aktuellen Lage und der UN-Konvention, einen Ausblick auf die künftige Entwicklung der Teilhabeleistungen für die berufliche Integration von Menschen mit geistiger Behinderung zu wagen, so muss man zu dem Ergebnis kommen, dass die aktuelle Lage eigentlich unzumutbar ist und es starke Impulse zur Verbesserung geben muss. Denn bei allen guten Ansätzen ist die deutsche Behindertenhilfe doch weit davon entfernt, der Zielgruppe der Menschen mit geistiger Behinderung Teilhabe am Arbeitsleben zu ermöglichen, von denen diese zum einen ihren Lebensunterhalt auch wirklich verdienen können, und die zum anderen zunehmend nicht mehr in Sondereinrichtungen stattfindet, sondern in unternehmen des allgemeinen Arbeitsmarktes. Natürlich stellt sich dabei die Frage, von woher Anstöße zur Verbesserung der Lage kommen sollten, und hier kann die Antwort nur lauten, dass natürlich nicht alleine die Einrichtungen der Behindertenhilfe Veränderungen anstoßen sollten (und dies auch nicht können), sondern dass eigentlich alle dazu beitragen müssen: Die Träger der Einrichtungen müssen dazu beitragen, indem sie rechtlich bereits bestehende, gute Ansätze, wie etwa das persönliche Budget, Integrationsfachdienste, Integrationswerkstätten und Außen-arbeitsgruppen und -plätze besser nutzen und ihren Klienten besser vermitteln. Aber auch die Politik des Bundes und der Länder müssen mehr dafür tun, im Zuge der Umsetzung der UN-Konvention Reformen anzustoßen, und auch die empirische Sozialforschung sollte die aktuellen Probleme zum Anlass nehmen, im Bereich der Hilfeleistungen für behinderte Menschen weiter zu forschen und dabei insbesondere sowohl die rechtlich-strukturellen Probleme als auch die Haltung der Träger und die Zufriedenheit der Klienten noch weiter erforschen und Probleme und Schwachstellen des Systems aufzeigen. Doch auch die Betriebe der Wirtschaft müssen in die Verantwortung genommen werden, mehr für die berufliche Inklusion von Menschen mit Behinderung zu tun, sei sie geistiger oder körperlicher Natur. Denn, wie aufgezeigt, gibt es bislang noch bei allen Behinderungsarten Probleme der beruflichen Inklusion auf dem ersten Arbeitsmarkt, die nicht zuletzt auf dem Desinteresse und der Unternehmen der freien Wirtschaft beruhen. Deshalb muss künftig auch mehr dafür getan werden, die Unternehmen, die sich ja gerne ihrer sozialen Verantwortung rühmen und eigentlich auch per Gesetz verpflichtet sind, eine Quote von behinderten Mitarbeitern zu erfüllen, aber oft lieber Strafzahlungen für die Nichterfüllung der Quote leisten, durch rechtliche Reglungen dazu zu bewegen, mehr Menschen mit Behinderung bei sich einzustellen und der Behinderung entsprechend zu fördern.

Das Werkstatt-Modell könnte man angesichts dessen als Auslaufmodell sehen, dessen Zeit aus pädagogischer und soziologischer Sicht abgelaufen scheint. Doch es gibt nach wie vor auch einige Argumente für die Werkstatt. So kann man argumentieren, dass die Werkstätten weiterhin eine Daseinsberechtigung haben, wenn sich ihre Aufgaben zukünftig stärker auf das konzentrieren, wofür sie eigentlich gedacht sind, nämlich die zeitlich begrenzte Rehabilitation für Menschen mit Behinderung, die aktuell nicht in der Lage sind, auf dem ersten Arbeitsmarkt beschäftigt zu werden – solange dies, wie ja eigentlich gesetzlich vorgeschrieben, zeitlich klar begrenzt ist und kein Dauerzustand wird. Andererseits kann man natürlich auch argumentieren, dass diese Rehabilitation nicht in stationären Einrichtungen stattfinden sollte, sondern ebenfalls in inklusiven Arbeitsfeldern erfolgen kann. Zudem muss bedacht werden, dass eine Auflösung des Werkstätten-Systems nicht einfach so erfolgen könnte, denn trotz ihres Status als Einrichtung der Behindertenhilfe befinden sich die Werkstätten im Widerspruch, gleichzeitig auf dem Markt der freien Wirtschaft um Aufträge zu konkurrieren. Wenn sie ihre fähigsten Beschäftigten häufiger auf den allgemeinen Arbeitsmarkt vermitteln würden, hätten sie es bedeutend schwerer, am Markt konkurrenzfähig zu bleiben (vgl. Kühn/Rüter 2008). Auch ist, wie erwähnt, die Gewinnorientierung der Unternehmen ein Bremsschuh für mehr Vermittlung auf den ersten Arbeitsmarkt, da diese im Zuge der Gewinnmaximierung ihre soziale Verantwortung zunehmend vernachlässigen und kein Interesse zeigen, Menschen mit Behinderung einzustellen.

Gleichwohl besteht durch die UN-Konvention insgesamt die Chance, Verbesserungsprozesse anzustoßen, sofern diese nicht durch die Gesetze selbst bereits angestoßen werden. Bezieht man die Aussagen der Konvention mit ein, so haben Menschen mit Behinderung nun erstmals ein als Grundrecht verankertes Anrecht auf Arbeit, und zwar im Sinne von Erwerbsarbeit, denn das Recht, den Lebensunterhalt zu verdienen. Dennoch werden diese Verbesserungen voraussichtlich noch lange Zeit in Anspruch nehmen, zumal den Forderungen nach besserer beruflicher Inklusion der stetig steigende Bedarf an Werkstatt-Plätzen gegenüber steht, der dafür sorgt, dass das Werkstattwesen weiter wächst und sich weiter ausdifferenziert - eine Entwicklung, die schwer umkehrbar sein wird. Aber es kann schon recht eindeutig festgestellt werden, dass die UN-Konvention insgesamt in die richtige Richtung geht und wichtige Anstöße geben wird, um die Menschenrechtssituation von Menschen mit Behinderung zu verbessern und dabei insbesondere zur Auflösung von Sondereinrichtungs-Systemen wie Werkstätten und Wohnheimen beizutragen, auch, wenn die Umsetzung zweifelsohne nicht einfach werden und für alle Vertragsstaaten eine große Herausforderung werden wird. Die Ansätze sind jedoch zweifelsohne gut und werden hoffentlich längerfristig dazu führen, dass Menschen mit und ohne Behinderung ein gemeinsames Leben in Inklusion führen werden, ohne Sondereinrichtungen und Diskriminierung. Mag dieses Ziel auch noch so geschönt und utopisch klingen, so sollte es doch stets das Leitbild sämtlicher Teilhabeleistungen in der Behindertenhilfe sein.

Literatur

Aßländer, Michael S.: Bedeutungswandel der Arbeit. Versuch einer historischen Rekonstruktion. Hanns-Seidel-Stiftung/Akademie für Politik und Zeitgeschehen: München 2005

Bramberger, Andrea (Hrsg.): Geschlechtersensible Soziale Arbeit. LIT Verlag: Wien/Berlin 2008

Bundesarbeitsgemeinschaft Werkstätten für behinderte Menschen e.V.: Belegte Plätze [in Werkstätten] nach Behinderungsarten 2009 - 2011. Nachzulesen im Internet unter: http://www.bagwfbm.de/category/34

[Abruf: 25.06.2012]

Bundesverband für körper- und mehrfachbehinderte Menschen e.V. (Hrsg.): Stellungnahme des Bundesverbandes für körper- und mehrfachbehinderte

Menschen e.V. (bvkm) zum Referentenentwurf des Nationalen Aktionsplans der

Bundesregierung zur Umsetzung des Übereinkommens der Vereinten Nationen

über die Rechte von Menschen mit Behinderung. Stellungnahme vom 14.05.2011. Abrufbar im Internet unter: http://www.bvkm.de/dokumente/media/Aktuelles/2011-05-24/bvkm_Stellungnahme_NAP.pdf

[Abruf: 14.06.2012]

Cramer, Horst H.: Werkstätten für behinderte Menschen. SGB – Werkstättenrecht, WerkstättenVO, G zur Einführung unterstützter Beschäftigung. Kommentar. 5., überarbeitete Auflage. C. H. Beck Verlag: München 2009

Demke, Forian: Das Übereinkommen der vereinten Nationen über die Rechte von Menschen mit Behinderungen. Auswirkungen auf Sozialpolitik und Behindertenhilfe in Deutschland. Masterarbeit. GRIN Verlag: Norderstedt 2011

Detmar, Winfried / Gehrmann, Manfred / König, Dr. Ferdinand / Momper, Dirk / Pieda, Bernd / Radatz, Joachim: Entwicklung der Zugangszahlen zu

Werkstätten für behinderte Menschen. Studie im Auftrag des Bundesministeriums für Arbeit und Soziales: Berlin 2008

Deutscher Verein für öffentliche und private Fürsorge (Hrsg.): Fachlexikon der sozialen(sic!) Arbeit. 6. Auflage. Nomos Verlagsgesellschaft: Baden-Baden 2007

Deutsches Institut für Medizinische Dokumentation und Forschung DIMDI, WHO-Kooperationszentrum für das System Internationaler Klassifikationen: Internationale Klassifikation der Funktionsfähigkeit, Behinderung und Gesundheit. Stand: Oktober 2005. Abrufbar im Internet unter:

http://www.dimdi.de/dynamic/de/klassi/downloadcenter/icf/endfassung/icf_endf assung-2005-10-01.pdf?action=Ich akzeptiere

[Abruf: 15.05.2012]

Diakonie-Bundesverband (Hrsg.): Gemeinsame Stellungnahme des Diakonie Bundesverbandes und des Bundesverbandes evangelische Behindertenhilfe (BeB) zum Referentenentwurf des Nationalen Aktionsplans der Bundesregierung zur Umsetzung der UN-Behindertenrechtskonvention (NAP) in der Fassung vom 27.04.2011. Stellungnahme vom 17.05.2012. Abrufbar im Internet unter: http://www.diakonie.de/DW_EKD_BeB_StN_NAP-Inclusion_110517.pdf

[Abruf: 13.06.2012)

Fischer, Eberhard / Heger, Manuela / Laubenstein, Désirée (Hrsg.): Perspektiven beruflicher Teilhabe. Konzepte zur Integration und Inklusion von Menschen mit geistiger Behinderung. 1. Auflage. Athena Verlag: Oberhausen 2011

Fischerauer, Alexandra: Eine kurze Einführung in die Geschichte der Arbeit und der Arbeitssoziologie. Studienarbeit. GRIN Verlag: Norderstedt 2005

Greving, Heinrich (Hrsg.): Arbeit. Herausforderung und Verantwortung der Heilpädagogik. W. Kohlhammer Verlag: Stuttgart 2010

Hanslmeier-Prockl, Gertrud: Teilhabe von Menschen mit geistiger Behinderung. Empirische Studie zu Bedingungen der Teilhabe im ambulant betreuten Wohnen in Bayern. Klinkhardt Verlag 2009

Hartmann, Dr. Helmut / Hammerschick, Jochen: con_sens-Studie 2003. Bestands- und Bedarfserhebung für Werkstätten für behinderte Menschen. Hamburg 2002.

Hinz, Andreas: Inklusion – mehr als nur eine neues Wort?! Artikel. Veröffentlicht im Internet unter: http://www.gemeinsamleben-rheinlandpfalz.de/Hinz__Inklusion_.pdf [Abruf: 01.06.2012]

Häßler, Günter / Häßler, Frank: Geistig Behinderte im Spiegel der Zeit. Vom Narrenhäusl zur Gemeindepsychiatrie. Georg Thieme Verlag: Stuttgart 2005

Kreissl, Torsten: Die Geschichte der Werkstatt für behinderte Menschen – eine historische Betrachtung mit Blick auf die soziale Situation behinderter Menschen. Studienarbeit. GRIN Verlag: Norderstedt 2004

Kühn, Alexandra / Rüter, Maike: Arbeitsmarkt und Behinderung. Neue Anforderungen an die Soziale Arbeit? Erschienen als Band 17 in der Reihe Hildesheimer Schriften zur Sozialpädagogik und Sozialarbeit. Georg Olms Verlag: Hildesheim 2008

Meisinger, Bertram: „Ich will mehr als nur Schrauben eindrehen…" Ein Beitrag über die Möglichkeiten der Motivationsförderung bei Menschen mit einer Behinderung in der produktionsorientierten geschützten Werkstatt. Diplomarbeit. 1. Auflage. GRIN Verlag: Norderstedt 2001

Miller, Alfred: Ziele in Werkstätten für behinderte Menschen. Die Gestaltung eines Zielsystems als Teil des Qualitätsmanagements. Lambertus-Verlag: Freiburg im Breisgau 2005

Minninger, Norbert / Hinterholz, Werner / Westermann, Bernd: Rechte behinderter Menschen. Der Ratgeber für Betroffene, Angehörige und Interessenvertretungen. 2. Auflage. Bund Verlag GmbH: Frankfurt am Main 2007

Netzwerk Artikel 3 e.V.: Stellungnahme zum Nationalen Aktionsplan der Bundesregierung zur Umsetzung des Übereinkommens der Vereinten Nationen über die Rechte von Menschen mit Behinderungen (Referentenentwurf vom 27.4.2011 + Nachlieferung „Persönlichkeitsrechte" vom 6. Mai 2011). Stellungnahme vom 15.05.2011. Abrufbar im Internet unter:

http://www.netzwerk-artikel-3.de/attachments/102_nw3-stellungnahme%20zum%20referentenentwurf-s.pdf

[Abruf: 14.06.2012]

Pfahl, Lisa / Powell, Justin J.W.: Draußen vor der Tür: Die Arbeitsmarktsituation von Menschen mit Behinderung. Zeitschriften-Artikel. Erschienen in: „Aus Politik und Zeitgeschichte", Ausgabe 23/2010

Stascheit, Ulrich (Hrsg.): Gesetze für Sozialberufe. Textsammlung. 18. Auflage. Nomos Verlagsgesellschaft: Baden-Baden 2010

Scheibner, Ulrich: Die Entwicklung der Werkstätten zur Arbeits- und Berufsförderung. Meilensteine auf dem Weg zur gesellschaftlichen Teilhabe. 2000. Veröffentlicht in: WfB-Handbuch 9, Ergänzungslieferung 2001.

Schlummer, Werner / Schütte, Ute: Mitwirkung von Menschen mit geistiger Behinderung. 1. Auflage. Ernst Reinhardt Verlag: München 2006

Von Mackensen, Matthias: Teilhabe am Arbeitsleben auch für „Minderproduktive"? Diplomarbeit. GRIN Verlag: Norderstedt 2002

Von Schorlemer, Sabine (Hrsg.): Rothfritz, Lauri Phillip: Die Konvention der Vereinten Nationen zum Schutz der Rechte von Menschen mit Behinderungen. Eine Analyse unter Bezugnahme auf die deutsche und europäische Rechtsebene. Erschienen als Band 10 der Reihe Dresdner Schriften zu Recht und Politik der Vereinten Nationen. Peter Lang Internationaler Verlag der Wissenschaften: Wiesbaden 2010

Wansing, Gudrun: Teilhabe an der Gesellschaft. Menschen mit Behinderung zwischen Inklusion und Exklusion. 1. Auflage 2005, unveränderter Nachdruck 2006. VS Verlag für Sozialwissenschaften: Wiesbaden 2005

Welke, Antje (Hrsg.): UN-Behindertenrechtskonvention mit rechtlichen Erläuterungen. Kommentar. Eigenverlag des Deutschen Vereins für öffentliche und private Fürsorge: Berlin 2012

Welti, Felix: Behinderung und Rehabilitation im sozialen Rechtsstaat. Mohr Siebeck Verlag: Tübingen 2005

Franziska Haas (2013): Soziale Inklusion. Integration von Menschen mit geistiger Behinderung in den Arbeitsmarkt

Danksagung

An erster Stelle danke ich der Gutachterin Frau C. Nicolaus für ihre professionelle wissenschaftliche Begleitung und dem Zweitgutachter Herrn P.-U. Wendt für die Lesung meiner Bachelorarbeit.

Weiterhin danke ich meinen Interviewpartnern Frau B., Direktorin der Havelschule in Brandenburg, und Herrn Z., einem der Vertreter des Integrationsfachdienstes in Potsdam, die mir halfen, einen Zugang zu der Übergangsproblematik von Schülern mit dem Förderschwerpunkt *Geistige Entwicklung* zu finden.

Schließlich danke ich Frau S. Ahrens (M. Sc., Dipl.-Math. (FH)), meiner Arbeitgeberin im Rahmen des Persönlichen Budgets, für ihre Begleitung bei der Erstellung meiner Arbeit.

Herrn E. Raue ist zu danken für die Formatierung und Fertigstellung zur Drucklegung.

Dankbar bin ich meiner Familie für viel Verständnis, Geduld und mir wichtige Ratschläge verschiedener Art.

Hinweis

In der Kenntnis um eine geschlechtergerechte Behandlung bei Personen- und Funktionsbezeichnungen verwende ich in meiner Arbeit durchgängig die maskuline Schreibweise, die sich sowohl für die weibliche, als auch für die männliche Form versteht.

Abkürzungsverzeichnis

AGG	Allgemeines Gleichbehandlungsgesetz
BA	Bundesagentur für Arbeit
BAG	Bundesarbeitsgemeinschaft
BBiG	Berufsbildungsgesetz
BBW	Berufsbildungswerk
BGB	Bürgerliches Gesetzbuch
BGG	Behindertengleichstellungsgesetz
BRK	Behindertenrechtskonvention
BIH	Bundesarbeitsgemeinschaft der Integrationsämter und Hauptfürsorgestellen
BMAS	Bundesministerium für Arbeit und Soziales
BMBF	Bundesministerium für Bildung und Forschung
BRK	Behindertenrechtskonvention
BvB	Berufsvorbereitende Bildungsmaßnahme
GdB	Grad der Behinderung
FuB	Förder- und Beschäftigungsbereich
GG	Grundgesetz
GM	German Modification (Deutsche Fassung)
HwO	Handwerksordnung
ICF	International Classification of Functioning
ICIDH	International Classification of Impairments, Disabilities and Handicaps
IFD	Integrationsfachdienst
InbeQ	Innerbetriebliche Qualifizierung

NS	Nationalsozialismus
PB	Persönliches Budget
SGB	Sozialgesetzbuch
UB	Unterstützte Beschäftigung
UN	United Nations (Vereinte Nationen)
WfbM	Werkstatt für behinderte Menschen
WHO	World Health Organization (Weltgesundheitsorganisation)

Einführung

Die Idee zur wissenschaftlichen Untersuchung der Teilhabechancen von Menschen mit Behinderungen am allgemeinen Arbeitsmarkt erwuchs aus meinem fünfmonatigen Praxissemester (2011/12), das ich an einer Magdeburger Schule mit dem Förderschwerpunkt *Geistige Entwicklung* absolvierte. Durch den Klassenwechsel aus der Mittelstufe in die Oberstufe, bekam ich die Gelegenheit, sieben Schüler in der Anfangsphase ihrer beruflichen Orientierung zu begleiten. Erstmalig während meiner beruflichen Laufbahn kam ich dort mit Menschen mit seelischen Behinderungen und Verhaltensauffälligkeiten (z. B. Depressionen /Autismus Spektrum /Aufmerksamkeitsdefizitsyndrom) in Berührung. Da die Schüler signifikante Unterschiede in ihrem Leistungsniveau aufwiesen, wurden sie hauptsächlich differenziert im Rahmen von Kleinstgruppen (maximal drei Personen) beschult. Während meines zweimonatigen Einsatzes lag der Förderschwerpunkt auf der theoretisch-praktischen (anwendungsbezogenen) Beschäftigung mit typischen Berufsbildern und den damit verbundenen Qualifikationen und Kompetenzen. Um ihnen ein plastisches Bild von der Berufspraxis zu vermitteln, wurden wöchentlich Betriebserkundungen in den Plan eingeflochten, wobei sich die Wahl der Betriebe an den Interessenlagen der Schüler orientierte. Im Hinblick auf das zehnwöchige Praktikum in der Werkstufe sollte ihnen durch das Kennenlernen verschiedener Arbeitsfelder und Unternehmungen die Entscheidung für ihren Einsatzort erleichtert werden. Meine Aufgabe bestand darin, über die allgemeine Begleitung des Unterrichtsprozesses hinaus, Erkenntnisse zu arbeitsweltlichen Vorstellungen und Erwartungen zu gewinnen, wozu ich einzelne Schüler befragte und mit ihnen gemeinsam ein Interessenprofil erstellte. Um mir einen Gesamteindruck von der Persönlichkeit des Jugendlichen zu verschaffen, studierte ich die Schülerakten und konsultierte daraufhin die Lehrenden. Im Anschluss an die Zusammenführung der dabei gewonnenen Erkenntnisse stellte ich folgende Überlegungen an:

- Ist eine Vermittlung in den ersten Arbeitsmarkt realisierbar?
- Sind die beruflichen Interessen der Schüler mit den Erwartungen der Unternehmen vereinbar?
- Bestehen für alle Jugendlichen dieselben Zugänge zum ersten Arbeitsmarkt?
- Von welchen Bedingungen und Kriterien hängt eine Vermittlung in den ersten Arbeitsmarkt ab?

In diese kritische Auseinandersetzung wurden ebenso die arbeitsmarktpolitischen sowie die sozialpolitischen Entwicklungen in der Behindertenhilfe einbezogen. Mit der Feststellung, dass sowohl die Rahmenbedingungen am Arbeitsmarkt als auch der seit den 1990er Jahren eingesetzte Paradigmenwechsel in der Behindertenpolitik maßgebende Einflussgrößen für die berufliche Eingliederung behinderter Menschen bedeuten kann, werde ich auch meine Untersuchung in dieses Bedingungsgefüge einbetten. Auf der Grundlage der im Jahr 2006 ratifizierten *Behindertenrechtskonvention (UN – BRK)*, dem Übereinkommen der Vereinten Nationen über die Teilhaberechte von Menschen mit Behinderungen und den daraus hervorgehenden politischen Forderungen zur Umsetzung der Inklusion in allen Bereichen des gesellschaftlichen Lebens, werden die Leitgedanken *Selbstbestimmung - Gleichberechtigung - Teilhabe* im Sinne von Partizipation im Rahmen der Prozesse der beruflichen Integration untersucht. Mit dem Anreiz, als zukünftige Sozialarbeiterin die berufliche Einmündung behinderter oder auch sozial benachteiligter Personen professionell zu begleiten, konzentriere ich mich insbesondere auf:

- die Methoden und Unterstützungselemente an der Schnittstelle *Schule – erster Arbeitsmarkt* bzw. in den Phasen der beruflichen Orientierung und der beruflichen Qualifizierung

- die Kooperation zuständiger Rehabilitationsträger und Fachdienste im Fokus einer personenzentrierten Übergangsgestaltung

- die Notwendigkeit und Verfügbarkeit arbeitsmarktpolitischer Unterstützungselemente zu einer nachhaltigen Sicherung des Arbeitsplatzes.

Von diesen Zielsetzungen leiten sich, ergänzend zu den oben skizzierten Überlegungen, folgende Fragestellungen ab, die im Laufe meiner Bachelorarbeit erörtert werden:

Mit Hilfe welcher Methoden wirkt die Bildungsinstitution Schule auf einen erfolgreichen Berufseinstieg hin? Berücksichtigen die angewandten Methoden die Interessenlagen der Schüler und ihrer Erziehungsberechtigten?

Welche Teilhabemöglichkeiten am allgemeinen Arbeitsmarkt werden Absolventen mit sonderpädagogischem Förderschwerpunkt *Geistige Entwicklung* im Übergang offeriert?

Sind diese Unterstützungsmöglichkeiten auch für einen weiteren Verbleib am allgemeinen Arbeitsmarkt ausreichend? Bedarf es weiterer Förderinstrumente für die Absicherung eines Beschäftigungsverhältnisses?

Mit der Konkretisierung auf schulische Übergänge geistig behinderter Absolventen und deren Ersteingliederung in die Betriebe des regulären Arbeitsmarktes, konzentriere ich mich auf ein klar umrissenes Klientel. Dabei grenze mich ab von der Rehabilitation behinderter Menschen aus *Werkstätten für behinderte Menschen (WfbM)* in reguläre Beschäftigungsformen und auch von der Problematik der Wiedereingliederung von Menschen, die im Laufe ihrer Erwerbstätigkeit wegen Erkrankung nicht am Arbeitsprozess teilnehmen können oder wegen einer Behinderung aus dem Arbeitsprozess ausscheiden.

Methodisch gehe ich folgendermaßen vor:

Das **erste Kapitel** soll dazu dienen die Begriffe *Behinderung* und *Geistige Behinderung* zu definieren. Mit Hilfe des Klassifikationssystems der *Weltgesundheitsorganisation (WHO)* sollen Zusammenhänge zwischen den vorhandenen Funktionsbeeinträchtigungen und den daraus resultierenden Teilhabebeeinträchtigungen erklärt werden, denn diese Systematik bildet die Grundlage für Leistungsansprüche aus folgenden Sozialgesetzbüchern (SGB):

- SGB III (Arbeitsförderung)
- SGB IX (Rehabilitation und Teilhabe behinderter Menschen)
- SGB XII (Sozialhilfe).

Diese drei Rechtskreise sind für die Teilhabe am Arbeitsleben zuständig. Im Anschluss daran werde ich die historische Entwicklung der Behindertenhilfe im Bezug auf den Vollzug des Paradigmenwechsels, von der Segregation bis hin zur gesellschaftlichen Inklusion, beleuchten. Im Hinblick auf die Verwirklichung einer inklusiven Gemeinschaft (in der Arbeitswelt), werde ich meinen Blick auf die aufgestellten sozialpolitischen Forderungen und Zielsetzungen aus der der UN – BRK lenken, die dem Schutz der Menschenrechte dienen sollen.

Zu Beginn des **zweiten Kapitels** werden die *Rahmenbedingungen des allgemeinen Arbeitsmarktes* anhand geltender Leistungserwartungen aus dem Blickwinkel der Unternehmen/öffentliche Betriebe beleuchtet. In Form einer Gegenüberstellung soll der Blick auf die Position der Arbeitnehmer gerichtet werden, um die Bedürfnisse beider Interessengruppen miteinander abzugleichen. Ausgehend von einer Betrachtung der individuellen Bedeutung von Arbeit, sowohl für den Arbeitnehmer als auch für Nicht - Erwerbstätige, beleuchte ich mögliche Folgen von Arbeits- und Beschäftigungslosigkeit auf die individuelle Lebensqualität. Vor diesem Hintergrund werden die Konsequenzen diskutiert, die mit dem Ausschluss aus der Arbeitsgesellschaft korrelieren und dabei besondere Risikogruppen fokussieren.

Gezielt gehe ich auf die berufliche Situation von Menschen mit (schweren und schwersten) geistigen Behinderungen ein und erörtere ihre Teilhabechancen am Arbeitsleben mit Bezug auf die aktuellen arbeitsmarktpolitischen Entwicklungen. Im Kontrast dazu ist mit Hilfe des Artikels 27 der *UN – BRK* aufzuzeigen, worin die konkreten Zielstellungen einer inklusiven Arbeitsgesellschaft bestehen.

Gegenstand des **dritten Kapitels** ist der Übergangsprozess von der Schule in den allgemeinen Arbeitsmarkt. Nach einer systemischen Betrachtung der Problematik von Schulabgängern im Übergang in das Arbeitsleben, führe ich den Leser in das System der beruflichen Integration ein. Dahingehend werden die Phasen des Bildungsweges fokussiert, beginnend mit der Berufsorientierung an der Schule, weiterführend bis hin zur beruflichen Ausbildung und Qualifizierung. Zu analysieren sind in diesem Verlauf zunächst die Methoden der Vorbereitung des nachschulischen Weges durch die Bildungsinstitutionen. Weiterhin sind die Instrumente zur Berufsausbildung aus der Arbeitsförderung (SGB III) und die Methoden der betrieblichen Qualifizierung aus dem Rehabilitationsgesetz (SGB IX) zu begutachten.

Die Kernfragen zu diesem Kapitel lauten:

Welche Fördermöglichkeiten ergeben sich aus den genannten Rechtskreisen zur Eingliederung in den allgemeinen Arbeitsmarkt für das Klientel mit dem Förderschwerpunkt Geistige Entwicklung?

Welche rechtlichen, personellen und institutionellen Rahmenbedingungen sind notwendig, um die individuellen Bedürfnisse der Menschen mit geistigen Behinderungen in Einklang mit den Erwartungen der Arbeitgeber zu bringen?

Mit dem **vierten Kapitel** schließt sich eine qualitative empirische Studie an. Das Experteninterview, als Methode der qualitativen Sozialforschung, soll zur Erforschung der praktischen Umsetzung berufsorientierender und -qualifizierender Methoden dienen. Zu diesem Zweck befrage ich sowohl die Schulleiterin der Brandenburger Havelschule, eine Schule mit dem Förderschwerpunkt *Geistige Entwicklung*, als auch einen Berater des Potsdamer Integrationsfachdienstes. In der Funktion eines von mehreren Netzwerkpartnern steht dieser Berater der Havelschule in der Vorbereitung des nachschulischen Bildungsganges unterstützend zur Seite. Im Zusammenhang mit der Auswertung der Ergebnisse werden aufgrund deren eng begrenzten Gültigkeit (fallspezifisch) Parallelen zur deutschlandweiten Praxis gezogen.

Entwicklungen in der Behindertenhilfe

Zum Begriff Behinderung

Grundsätzlich ist das Wesen einer Behinderung und deren Bewertung einerseits von subjektorientierten, anderseits von umweltbedingten- (sozialen und baulichen) Faktoren abhängig, die zudem im historischen und wissenschaftlichen Kontext stehen. Alle diese Bedingungen tragen zur Prägung des Menschenbildes bei. Bevor ich mich den geschichtlichen Entwicklungen des 19./20. Jahrhunderts widme, werden die Begriffe *Behinderung* und speziell *Geistige Behinderung* näher erläutert.

Die traditionellen fachlichen Disziplinen, insbesondere die medizinische Sichtweise, verorten Behinderungen vor allem im Subjekt, indem sie die Ausprägung der Krankheitssymptomatik offenlegen. Ulrich Bleidick erweitert diese Definition um systemische Aspekte. Als behindert gelten seiner Ansicht nach Personen, die infolge einer Schädigung ihrer körperlichen, seelischen oder geistigen Funktionen soweit beeinträchtigt sind, dass ihre unmittelbaren Lebensverrichtungen oder ihre Teilnahme am Leben in der Gemeinschaft erschwert werden (vgl. Röh 2005, zit. nach Bleidick 1999).

Klassifikation nach dem System der WHO (ICD X)

In seiner Betrachtung lehnt sich Bleidick an das klassische Klassifikationssystem der WHO aus dem Jahr 1980 an. Das vorrangig personenorientierte Modell, das **ICIDH** (International Classification of Impairments, Disabilities und Handicaps), beschreibt eine Folgekette. Aus einer angeborenen oder erworbenen gesundheitlichen Schädigung **(impairment)** erwächst eine Beeinträchtigung physischer und psychosozialer Funktionen **(disability)**, die sich im Ergebnis als soziale Behinderung **(handicap)** in unterschiedlicher qualitativer und quantitativer Ausprägung innerhalb der Lebenswelt äußern kann (vgl. Neuer-Miebach 2008). In der erweiterten Fassung (2002), dem **ICF** (International Classification of Functioning), erfahren die Aspekte der sozialen Teilhabe eine besondere Gewichtung. Erst wenn die drei oben markierten Items in Beziehung zu den Umweltfaktoren des Individuums gesetzt werden, wird der tatsächliche Grad der Behinderung messbar. Im Gegensatz zu der Folgekette im medizinischen Modell (ICIDH), wird der Begriff Behinderung im ICF erst infolge negativer Wechselwirkungen, mit der Beeinträchtigung der Teilhabe durch aktivitätshemmende Umweltbedingungen (Barrieren) thematisiert (vgl. Röh 2009, zit. nach DIMDI 2005; Fritzsche 2005). Die nachfolgende Darstellung soll diese Zusammenhänge veranschaulichen:

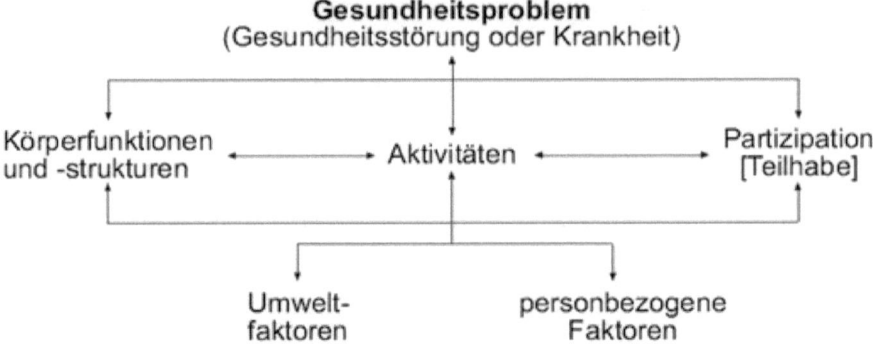

Abb. 1: Das biopsychosoziale Modell der ICF (vgl. Röh 2009, S. 55)

Menschen mit geistigen Behinderungen

Im Jahr 1958 wurde der Begriff *Geistige Behinderung* durch die „Bundesvereinigung Lebenshilfe für das geistig behinderte Kind e.V.", als Reaktion auf die tradierten Ausdrücke *Idiotie oder Schwachsinn* in die Fachsprache eingeführt und gesetzlich verankert (vgl. Mühl 2006). Trotz der beabsichtigten Abschwächung des diskriminierenden Wortgehaltes, lag das Gewicht im Sinne des medizinischen Erklärungsmodells auf einem personenzentrierten Defizit, einem mit intellektuellen Mängeln behafteten Zustand, der gesellschaftlich als eine mentale Unzulänglichkeit stigmatisiert wird (vgl. Speck 2005). Mit dieser Definition treten die Defizite, als eine der vielen Eigenschaften der menschlichen Persönlichkeit, gewichtend in den Vordergrund, während Charaktermerkmale, Begabungen und die durch gezielte Förderung zu verwirklichenden Entwicklungschancen in ihrer Wertigkeit lediglich mindere Beachtung finden (vgl. ebenda).Um diesem Stigmata entgegenzuwirken, und damit eine größtmögliche soziale Eingliederung zu unterstützen, wurde die defizitär belastete Begrifflichkeit „Geistige *Behinderung*" nochmals korrigiert und in *Menschen mit geistigen Behinderungen* umgewandelt. Der neue Wortlaut sollte wiederholt darauf aufmerksam machen, dass diese spezielle Beeinträchtigung nur einen speziellen Bestandteil der Gesamtpersönlichkeit ausmacht. Speck zufolge erfordert diese besondere Problematik eine lebenslange pädagogische und psychosoziale Unterstützung in allen ihn tangierenden Lebensbezügen (vgl. ebenda).

Merkmale und Grade geistiger Behinderungen

Das primäre Merkmal einer geistigen Behinderung besteht in einer unterschiedlich ausgeprägten Beeinträchtigung der kognitiven Leistungen. Im Kapitel *Psychische- und Verhaltensstörungen* (F00 - F99) des ICD X – GM 2009 (Gruppe F 70 - F 79) besteht eine Intelligenzminderung in Form eines Zustands von verzögerter oder unvollständiger Entwicklung der geistigen Fähigkeiten, die zur Prägung des Intelligenzniveaus maßgebend sind. Exemplarisch zu nennen sind kognitive Leistungen (z. B. Analyse- und Synthesefähigkeit) sowie Konzentration, Sprache und Kreativität (www.dimdi.de, Zugriff am 14.09.12, 12:00 MEZ). Nach dem ICD X (International Classification of Diseases) lassen sich vier Schweregrade unterscheiden (vgl. ebenda):

1. leichte geistige Behinderung – IQ: 50/55 bis 70

2. mäßige geistige Behinderung – IQ: 35/40 bis 50/55

3. schwere geistige Behinderung– IQ: 15/20 bis 35/40

4. schwerste geistige Behinderung– IQ: < 15/20

Speck (vgl. Röh 2005, zit. nach Speck 2008) kritisiert jedoch, dass Intelligenz lediglich durch das Ergebnis der Intelligenzmessung definiert wird. Der Intelligenzquotient (IQ) trifft damit ausschließlich Aussagen über die Funktionalität spezifischer Bereich menschlicher Kognition. Folge des Auswertungsprozesses ist die Klassifizierung in *normal* und *anormal*, die eine Einordnung geistiger Funktionen nur durch die Abstufung der Intelligenzgrade vornimmt. Durch diese absolute bzw. eingegrenzte Definition bestehe nach Speck die Gefahr voreingenommener Haltungen Dritter, die sich in der Bewertung des beeinträchtigten Individuums nur durch die Abstufung der Intelligenzgrade vornimmt.

Zur Erweiterung des Leistungsprofils sind seiner Ansicht nach weitere Merkmale des Phänomens *Geistige Behinderung* in das Verfahren einzubeziehen. Beispielsweise erörtert Mühl (2006), dass eine Störung in der Verarbeitung sinnlicher Eindrücke vorliegt, wodurch zwar die eigentliche Rezeption visueller, auditiver oder taktiler Reize erhalten bleibt, jedoch die Deutung des Informationsgehaltes, sowie das assoziative und das schlussfolgernde Denkvermögen eingeschränkt sind. In direkter Beziehung dazu steht zumeist eine verzögerte Sprachentwicklung. Nach Piagets' Theorie der kognitiven Entwicklung ist die Bildung von konkreten Begriffen infolge der verminderten Reizverarbeitung erschwert, wodurch die Reifung auf dem Niveau des symbolischen, vorbegrifflichen

Denkens verbleiben kann, welches der sprachlichen Entwicklung eines vierjährigen Kindes entspricht (vgl.www.kindergarten-paedagogik.de, Zugriff am 14.09.2012, 12:15 MEZ). Mit einer schrittweisen Heranführung an das Sprachsystem mittels unterstützter Kommunikation, z. B. durch Symbole und Bilder, lassen sich sowohl die Sprachförderung, als auch die soziale Interaktion auf Dauer positiv beeinflussen (vgl. Mühl 2006). Auch grob- und feinmotorische Fertigkeiten sind im pädagogischen Kontext durch ein Bewegungstraining und Fingerfertigkeitsübungen erlernbar. Auffälligkeiten im Verhalten und der psychischen Verfassung hingegen stehen in keiner monokausalen Verbindung und sind daher als sekundäre Merkmale zu werten. Treten zwei oder mehrere dieser Merkmale in einem direkten oder indirekten Zusammenhang auf, handelt es sich um eine Mehrfachbehinderung (vgl. ebenda).

Für die Klassifizierung einer geistigen Behinderung im ICD ist eine Kopplung des Intelligenzgrades mit auftretenden Störungen in der Anpassung an Alltagsvollzüge (z. B. am Arbeitsplatz) entscheidend, während körperliche und psychische Nebendiagnosen keine kausale Bedingung darstellen (www.dimdi.de, Zugriff am 15.09.12, 13:00 MEZ). Eine derartig präzisierte Einstufung des Phänomens Geistige Behinderung, in Verbindung mit der genauen Bestimmung der Ausprägung der individuellen Teilhabebeeinträchtigung durch das biopsychosoziale Modell (ICF), bilden das Fundament des Anspruchs, beispielsweise auf Leistungen zur Teilhabe am Arbeitsleben aus dem SGB III und aus der Eingliederungshilfe des SGB XII.

Von der Exklusion zur Inklusion – ein Paradigmenwechsel in der Behindertenpolitik

Anhand eines Zeitstrahls wird im Folgenden der Paradigmenwechsel in der Behindertenhilfe, beginnend mit der Ausgrenzung kranker und behinderter Menschen, bis hin zu deren Wiedereingliederung in die gesellschaftlichen Lebensvollzüge skizziert.

1. Phase: Exklusion/Segregation

Exklusion leitet sich aus dem lateinischen Wort „excludere" für ausschließen ab (www.pons.eu, Zugriff am 06.09.12, 14:00 MEZ). Aktive Bestrebungen zu einer systematischen Auslese und Marginalisierung kranker und behinderter Menschen an den Rand der Gemeinschaft prägten die Epoche des 19./ 20. Jahrhunderts (Jhrd.), die die Zeit der Industrialisierung, sowie beide Weltkriege einschließt.

Der Erklärung körperlicher, seelischer und geistiger Beeinträchtigungen lag eine rein medizinische Sichtweise zugrunde, die Störungen, seien sie durch genetische Einflüsse oder im Laufe des Lebens erworbener Schicksale hervorgerufen, lediglich dem Individuum zuschreibt (vgl. Hermes o. J., zit. nach Waldschmidt 2003). Sie kennzeichnet einen defizitären Zustand, der gezielte fachärztliche Behandlungsmethoden erfordert, um dem Mangel entgegenzuwirken (vgl. Hermes, zit. nach DIMDI 2002). Der Bewertung liegt ein definierter Maßstab, ein Normalzustand, zugrunde, der sich an der Konstitution der Masse der Bevölkerung orientiert (vgl. Hermes o. J., zit. nach Waldschmidt 2003).

Ausgehend von der Notwendigkeit einer professionellen Fürsorge, bestand der staatliche Auftrag darin, die bislang von den Familien gepflegten Angehörigen institutionell zu verwahren. Einerseits zielten die für die Verwahrung vorgesehenen Anstalten im Stil von Großpflegeeinrichtungen auf eine ganzheitliche familiäre Entlastung ab, andererseits sollte die gesunde, leistungsfähige Bevölkerung die Möglichkeit bekommen, vollwertig am Arbeitsleben teilzuhaben, um ihren Lebensbedarf decken zu können (vgl. Hermes, zit. nach Dörner 1999). Dem Gedanken der Segregation (lat. segregatio = Trennung) obliegt die Theorie, eine optimale Betreuung und Förderung anormaler und missgebildeter Gesellschaftsmitglieder gelinge ausschließlich auf dem Wege der Isolierung, in Form einer Massenunterbringung in denen am Rande der Städte errichteten Verwahranstalten für geistig Behinderte und psychisch Kranke (vgl. Hermes o. J., zit. nach Polloway et al. 1996).

Einen Höhepunkt erreichte diese Entwicklung im Jahr 1934 mit dem, unter Regie der Nationalsozialisten, in Kraft getretenen „Erbgesundheitsgesetz" zur Verhütung erbkranken Nachwuchses. Zur Erwirkung eines systematischen und kontrollierbaren Vorgehens, wurden Frauen flächendeckend unter Zwang sterilisiert. Um den Prozess der Vernichtung unwerten Lebens zu beschleunigen, wurden gleichzeitig unheilbar kranke Insassen in den Anstalten und Familien, zuerst durch Gabe einschläfernder Medizin, später durch Erschießung und Vergasung von ihrem qualvollen Leidensweg erlöst. Ausgehend von der Sichtweise, kranke und behinderte Menschen würden ein lebensunwürdiges Dasein fristen und sich daher nach einer Befreiung von ihrem Leiden sehnen, sah man die Tötung als einen Akt humaner Menschlichkeit an. Diese Überzeugung gewann seitens weiter Teile der Fachöffentlichkeit (z. B. Kirchenbedienstete/ Mediziner/ Heimpersonal) und der Zivilbevölkerung große Anerkennung. Dem NS-Erlass fielen rund 400.000 Menschen zum Opfer (vgl. Dörner 2006).

<u>2. Phase: Integration</u>

Die von lateinamerikanischen Bürgerrechtlern (Vereinigungen behinderter Menschen) geforderte selbstbestimmte Lebensführung, als Reaktion auf die Diskriminierung und Entwürdigung, war mit Bestrebungen einer gemeindenahen

Wohnkultur verbunden, die unter dem Leitgedanken der *Normalisierung* Mitte der 1970er Jahre aus den USA und Skandinavien in den deutschen Sprachraum überführt wurde (vgl. Theunissen 2002). Entsprochen wurde diesem Ansatz in Deutschland jedoch nur insofern, als dass die inhumanen Lebensumstände, welche innerhalb der Großeinrichtungen herrschten und seit der Bürgerrechtsbewegung unter scharfer Kritik standen, an den Lebensstandard und den Lebensrhythmus der umliegenden Gesellschaft angeglichen wurden (vgl. ebenda). Nirje, ein skandinavischer Vertreter, bekräftigt dies in seiner Überzeugung, die Anpassung an eine durchschnittliche Wohnkultur einerseits, sowie die Unterstützung einer regulären biografischen Laufbahn – im Zusammenhang mit der Verwirklichung individueller Lebensentwürfe andererseits – genüge, um ein Leben so normal, wie möglich zu führen (vgl. Röh 2009, zit. nach Nirje 1994). Diese Philosophie von Eigenverantwortung und freier Entscheidung, stand jedoch im Konflikt mit den hierzulande geltenden normativen Maßstäben, welche zur Bewertung eines als *angemessen* erklärten Zustandes beitrugen (vgl. Röh 2009, zit. nach Thimm 2005). Bedingt durch das weitläufig vertretene Menschenbild, Behinderte seien durch ihr Handicap in einer von Barrieren geprägten Umwelt, zu einer selbständigen Lebensführung nicht in der Lage, dominierte in den Heimen eine standhaltende Praxis der Bevormundung und Fürsorge. Schlussfolgernd wurde das Machtgefälle zwischen dem Heimpersonal und dem der Hilfe Bedürfenden konstant aufrechterhalten.

Auch im Bildungssystem, in dessen Rahmen in den 1980er Jahren engagierte Elternvereinigungen die gemeinsame Beschulung bewirkten (vgl. Hermes o. J.), lag das Gewicht auf der traditionellen, medizinischen Perspektive, wodurch rigide zwischen *normalen* Schülern und Kindern, denen ein Mangel an kognitiven und lebenspraktischen Leistungen anlastete, unterschieden wurde (vgl. Hermes o. J.) zit. nach Hinz o. J.). Ihre Anpassung an den integrativen Unterricht war demnach an ein Mindestmaß an Leistungsvoraussetzungen geknüpft (vgl. ebenda). Trotz der geforderten generellen Rationalisierung aller Sondersysteme und Bewertungsmaßstäbe, zielte Integration auf die gesellschaftliche Wiedereingliederung der Personengruppen ab, die zu einem früheren Zeitpunkt der Gemeinschaft bereits angehörten. Vor dem Hintergrund dieses Anspruches bewertet Hinz die Umsetzung von Integration – *lat. integrare = wieder aufnehmen* – (www.pons.eu, Zugriff am 18.09.12, 15:00 MEZ) - insofern als kritisch, dass bestehende Strukturen aller gesellschaftlichen Bereiche lediglich verändert, an Einstellungen bezüglich der Beurteilung von Behinderung jedoch festgehalten wird (vgl. Hermes o.J., zit. nach Hinz o. J.). Eine bedingungslose Aufnahme sei damit ausgeschlossen.

Silvia Schmidt, Behindertenbeauftragte der SPD-Bundestagsfraktion, beklagt die bis in die Gegenwart hineinreichende Wirksamkeit bestehender Sondersysteme, wie das der Förderschulen oder der Werkstätten für behinderte Menschen, die darauf aufmerksam machen, dass sie für die Teilhabe benachteiligter Gruppierungen unverzichtbar seien. Über das Ausmaß von Teilhabechancen in den Bereichen Freizeit, Wohnen, Bildung und Arbeit entscheiden ungeschriebene Normen, wonach Menschen in Abhängigkeit ihrer Ethnie, ihres Aussehens oder des sozioökonomischen Status' in Ordnungssysteme klassifiziert werden. Daraufhin obliege die vollwertige Mitgliedschaft ausschließlich der Gruppe, die der *Normalität* entspreche (www.silvia-schmidt.de, letzter Zugriff am 11.09.12, 15:15 MEZ).

3. Phase: Inklusion

Von einer bewusst praktizierten Selektion und der Manifestierung dichotomer Denk- und Verhaltensweisen, wendet sich der Gehalt des Inklusionsgedanken – lat. *includere = einschließen* – ab (www.pons.eu, Zugriff am 11.09.12, 15:30 MEZ). Stattdessen verlangt sie nach einer Auflösung normierter Teilsysteme, die zu einem ganzen Kern zusammenschmelzen sollen. Eine vereinigte Gesellschaft soll dem Anspruch gerecht werden, die Vielfalt innewohnender Kulturen und Wesenszüge nicht nur als gleichwertig anzusehen, sondern vor allem als Bereicherung im Miteinander anzuerkennen. Diesem *Gleichstellungsgebot* wurde in der Verfassung (GG Art. 3, Absatz 3 durch den folgenden Ergänzungssatz im Jahr 1994 Nachdruck verliehen:

Darin heißt es:

> „Niemand darf wegen seines Geschlechtes, seiner Abstammung, seiner Rasse, seiner Sprache, seiner Heimat und Herkunft, seines Glaubens, seiner religiösen oder politischen Anschauungen benachteiligt oder bevorzugt werden. Niemand darf wegen seiner Behinderung benachteiligt werden."
>
> *(*Artikel 3 UN – BRK*)*

Mit der im Jahr 2009 ratifizierten UN – BRK verpflichten sich die ca. 300 Vertragsstaaten zum Schutz der, von Geburt an, gültigen Menschenrechte. Dieses völkerrechtliche Abkommen, an dem Menschen mit Behinderungen unter dem Leitsatz „*Nicht über uns - ohne uns*" aktiv beteiligt wurden, nimmt mitunter ebenso Bezug auf die aus der Zeit der Aufklärung (Französische Revolution- 1789) deklarierten Bürgerrechte (vgl. Wocken 2011), ebenso wie auf die „*Allgemeine Erklärung der Menschenrechte*" aus dem Jahr 1948. Aufgrund der erörterten Missstände in der Behindertenhilfe gilt es, die bereits dokumentierten Grundrechte neu zu thematisieren und zu konkretisieren (vgl. Fritzsche 2005). In der Präambel (und Art. 1 GG) verweist die UN – BRK auf die Würde des Menschen, der nach

Baumgartner, in jeder Lebensphase und unabhängig von seiner Herkunft, seinem Charakter und Leistungsvermögen, ein unbedingter Wert zukommt (vgl. Röh 2005, zit. nach Baumgartner 2004). Gleichzeitig bilde sie nach Wocken (vgl. 2011) das Fundament für ein von Frieden, Freiheit, Gleichwertigkeit und selbstverständlicher Zugehörigkeit (zu einer Gemeinschaft) geprägtes Dasein. Aus diesen Grundwerten lassen sich wiederum die durch das Übereinkommen geforderten Rechte nach Selbstbestimmung, Gleichberechtigung und Teilhabe ableiten (ebenda). Somit erhalten alle Individuen in der Anerkennung ihrer unveräußerlichen Würde (vgl. Art. 1 GG), als **gleichberechtigte** Mitglieder, den Status des *Bürgers,* wodurch sie von Beginn an mit Rechten und Pflichten ausgestattet sind (vgl. § 1 BGB). In dieser Position, soll jeder Bürger dazu befähigt werden, seinen Alltag **selbstbestimmt** auszugestalten, indem ihm rechtlich eine größtmögliche persönliche Freiheit, z. B. über die Teilnahme an Bildungsangeboten und die Wahl des Arbeitsplatzes zugesprochen wird (vgl. Theunissen 2002). Das Recht auf gleiche Wahlmöglichkeiten können Menschen mit Behinderungen nur dann wahrnehmen, wenn ihnen die **volle Teilhabe** an der Gesellschaft ermöglicht und gesichert wird (vgl. bmas.de, Zugriff am 09.10.2012, 18:00 MEZ). Zentrale Zielstellung der Inklusion ist daher eine Umwandlung des *tradierten Menschbildes,* das seit der Armenfürsorge im 16. Jahrhundert mit den defizitorientierten Attributen der umfassenden Fürsorge und Fremdbestimmung behaftet ist, in die Vorstellung eines *entscheidungs- und handlungskompetenten, gleichwertig anerkannten Mitgliedes* (vgl. Röh 2009).

Um diesem sozialpolitischen Forderungsgehalt gerecht zu werden, bedarf es des bereitwilligen Engagements aller Bürger:

- der Verantwortung politischer Entscheidungsträger in Bund, Ländern und Gemeinden über gesetzliche Rahmenbedingungen (die mit der UN-Konvention übereinstimmen müssen)
- der Umsetzung durch Professionelle vielfältiger Fachdisziplinen (Verwaltung, Medizin, Sozialpädagogik)

sowie

- der Bereitschaft der gesamten Zivilgesellschaft zum generellen Abbau sozialer und physischer Barrieren (vgl. Steinhart 2012).

Mit der Bewältigung dieser komplexen Aufgabe sind Herausforderungen für alle Bereiche der Lebensgestaltung verbunden (vgl. ebenda). Freie Wahlmöglichkeiten, als Bedingung einer vollen Teilhabe am gesellschaftlichen Leben, schließt die Wahl des Arbeitsplatzes ein, welche eine Öffnung des allgemeinen Arbeitsmarktes für alle Individuen, unabhängig ihrer Grundvoraussetzungen, bedeutet.

Um das Versprechen aus der UN – BRK (Art. 27) nach *Barrierefreiheit* und *Zugänglichkeit* bezüglich eines **gemeinsamen** Arbeitsmarktes einlösen zu können, ist es notwendig, Leistungsmaßstäbe zurückzustellen. Stattdessen sind alle am Integrationsprozess Beteiligten zu einer Offenheit gegenüber den jedem Individuum innewohnenden Neigungen und Begabungen zu ermutigen – die Einzigartigkeit als Multiplikator für die gesamte Betriebskultur, wie auch für den gemeinsamen Arbeitsprozess anzuerkennen.

Daher ist im folgenden Kapitel zu beleuchten, inwiefern sich gegenwärtige Rahmenbedingungen der Wirtschaftsunternehmen mit den besonderen Bedürfnissen geistig behinderter Menschen vereinbaren lassen. Vordergründig werde ich die Leistungserwartungen der Betriebe gegenüber der Person des Beschäftigten thematisieren. Dagegen sind die an die berufliche Tätigkeit geknüpften Wertvorstellungen, sowie die Folgen des Verlusts der Arbeit, aus dem Blickwinkel des Arbeitnehmers zu hinterfragen.

Anschließend beabsichtige ich eine Erörterung der beruflichen Situation von Schulabgängern mit dem Förderschwerpunkt „Geistige Entwicklung", bzw. zu bewältigender Hürden. Mit Fokus auf den Artikel 27 der UN-Konvention (Recht auf Arbeit) soll einerseits auf das Recht auf einen Arbeitsplatz in der freien Wirtschaft, als auch auf die anzupassenden Arbeitsplatzbedingungen eingegangen werden.

Menschen mit (geistigen) Behinderungen in der Arbeitsgesellschaft

Der Arbeitsmarkt im Kapitalismus

Im Unterschied zum sozialistischen Wirtschaftssystem (= Planwirtschaft der Deutschen demokratischen Republik - DDR), in dem der Staat Eigentümer aller produzierten Güter war, geht das Eigentum an Produktionsmittel in der Wirtschaftsordnung des Kapitalismus in private Unternehmen am Markt über (mit Ausnahme des öffentlichen Dienstes). Unter der vorrangigen Zielsetzung der Gewinnmaximierung und dem Ausbau ihrer Position am Markt (= der Ort, an dem Angebot und Nachfrage nach einem bestimmten Gut aufeinandertreffen), stehen privatwirtschaftliche Betriebe in eigenverantwortlicher Position in einem stetigen nationalen oder sogar internationalen Wettbewerb untereinander (www.wirtschaftslexikon24.de, Zugriff am 14.09.12, 09:00 MEZ), ohne dass der Staat grundsätzlich in dessen Wirtschaftsabläufe eingreifen darf. Diese Gestaltungsspielräume beziehen sich auf die Festlegung von Preisen, die Menge und Kreation aller Güter, die Wahl des Standortes von Betriebsstätten, aber besonders auf die Art und Weise, mit potentiellen Interessenten (Kunden, Lieferanten) in Kontakt zu treten (vgl. ebenda).

Um die im Leitbild der Unternehmung formulierten Zielsetzungen verwirklichen zu können, sind Betriebe bestrebt, geeignetes Personal zu akquirieren. Daran zeigt sich, dass Arbeitskräfte am Markt gehandelt und getauscht werden. Am Arbeitsmarkt treffen somit die Interessen zweier Gruppierungen aufeinander:

Einem Anbieter: Ein Arbeitgeber stellt eine oder mehrere Arbeitsstellen zur Verfügung. Dabei bekundet er sein Interesse an stellenspezifischen Qualifikationen, indem er seinen Bedarf entweder betriebsintern oder öffentlich mittels einer Stellenausschreibung an eine Zielgruppe oder Person X richtet. Er möchte die Stelle mit möglichst geringem Mitteleinsatz besetzen.einem Nachfrager:

Ein Bewerber bekundet seinen Wunsch auf die ausgeschriebene Position hin und preist damit sein gesamtes verfügbareres Potential aus zertifizierten Berufsqualifikationen, zuzüglich seiner persönlichen und sozialen Kompetenzen, an. Sein Anliegen besteht darin, diese Stelle zu einem größtmöglichen Wert zu bekommen.

Arbeitsverhältnisse entstehen demnach aus dem Übereinkommen beider Parteien und münden anschließend in einen Arbeitsvertrag, der ihre Rechte und Pflichten regelt. Deren Rechtsansprüche lassen sich wiederum mithilfe der Interessengruppen von Arbeitgebern (Arbeitgeberverbände) bzw. denen der Arbeitnehmer (Gewerkschaften, Betriebsräte und Arbeitnehmervertretungen) umsetzen. Werden Arbeitsverhältnisse durch Werkverträge in direktem Kontakt zwischen Unternehmen und Arbeitssuchenden geschlossen, ist die Rede vom *ersten Arbeitsmarkt*. Dabei handelt es sich um reguläre Beschäftigungsverhältnisse, die im Unterschied zum *zweiten und dritten Arbeitsmarkt*, ohne den Umweg über arbeitsmarktpolitische Maßnahmen der Agentur für Arbeit begründet werden (vgl. *Duden Wirtschaft von A bis Z 2009)*.

Durch den Einsatz staatlicher Förderungen privatwirtschaftliche Unternehmer wie Arbeitsbeschaffungsmaßnahmen, Bürgerarbeit und Entgeltvariante an, soll ein sozialer Ausgleich gefördert werden. Somit soll Zielgruppen mit geringerem Bildungsstand oder behinderungsbedingten Benachteiligungen und Alleinerziehenden der Zugang zu regulärer Erwerbstätigkeit ermöglicht werden. Arbeitnehmer des allgemeinen Arbeitsmarktes erlangen unter der Voraussetzung eines wöchentlich mindestens 15-stündigen Arbeitseinsatzes und daraufhin einzuzahlender Beiträge zur Sozialversicherung, Anwartschaften auf soziale Absicherung bei Krankheit und Pflege bei Renteneintritt und Arbeitslosigkeit (Sozialversicherungspflichtige Beschäftigung), die auch Arbeitnehmern zustehen, die auf dem ausgelagerten ersten Arbeitsmarkt (z. B. Arbeitgebermodell im Rahmen der persönlichen Assistenz) tätig sind.

Dagegen erwerben Beschäftigte des zweiten (z. B. Werkstätten für Menschen mit Behinderungen- WfbM) und des dritten Arbeitsmarktes, der sich im Jahr 2007 im Zuge der Hartz-IV Reform durch Mehraufwandsentschädigungen etabliert hat, keine Ansprüche auf Leistungen aus der Arbeitslosenversicherung, während die Leistungsansprüche gegenüber der Kranken- und Pflegeversicherung durch den zuständigen Träger der Maßnahmen, wie die Bundesagentur für Arbeit (BA) abgesichert werden (*Duden Wirtschaft von A bis Z 2009)*.

Zur Bedeutung von Arbeit

<u>Unternehmerischer Blickwinkel - Maßstäbe menschlicher Arbeitsleistung</u>

Der Personalbedarf beruht auf der Maßgabe konkreter Vorstellungen, die an Leistungs-und Persönlichkeitsprofile (laut Stellenbeschreibungen) der Bewerber gebunden sind. Unter dem zentralen Aspekt der Wettbewerbsfähigkeit, bezogen auf den nationalen, bzw. den internationalen Raum, stehen insbesondere privatwirtschaftliche Betriebe unter dem Zwang, durch eine qualitative Wertschöpfung größtmögliche Gewinne zu erwirtschaften.

Infolge dessen sind eine andauernde Leistungsfähigkeit neben sogenannten Schlüsselqualifikationen (schnelle Auffassungsgabe/selbständiges Arbeiten/ Konflikt- und Reflexionsfähigkeit) als vorrangige Attribute für den Eintritt und die Aufrechterhaltung von Beschäftigungsverhältnissen hervorzuheben. Demnach sind eine qualitativ, wie auch quantitativ erfolgversprechende Arbeitsleistung in einem möglichst eng begrenzten zeitlichen Rahmen zu erbringen (vgl. Doose 2012).

Unter Anwendung des ökonomischen Prinzips verfolgen Unternehmer das Ziel, Arbeitskräfte mit einer möglichst hochwertigen Qualifizierung, einschließlich beruflicher Erfahrungen, so günstig wie möglich einzukaufen (www.rechnungswesen-verstehen.de, Zugriff am 05.09.12, 10:00 MEZ). Um den gesamten betrieblichen Organisationsstrukturen Rechnung tragen zu können, stehen den zu erreichenden Qualitätsmaßstäben Forderungen nach Anpassung an flexible Arbeitszeiten oder Wechsel zwischen Filialen gegenüber, die sich eng an persönlichen, ökonomischen und soziale Ressourcen ausrichten (vgl. Doose 2012/ Speck 1999). Exemplarisch zu nennen sind Mobilität, eine flexible Anpassung an (wechselnde) Arbeitszeiten, eine hohe Einsatzbereitschaft bei maximaler Konzentration und psychischer Stabilität (vgl. Speck 1999, zit. nach Geißler/Orthey 1998). Dahinter müssen private Bedürfnisse oftmals zurückstehen, wenn nicht sogar familiäre Umstände, wie Betreuungszeiten von Kindern und pflegebedürftigen Angehörigen die der Klärung bedürfen und damit zusätzliche Belastungen bewirken. Dass sich die arbeitende Bevölkerung vielschichtigen Herausforderungen stellen muss, um ihren Arbeitsplatz zu rechtfertigen, zeigen neben den genannten Faktoren auch die zunehmenden Bürden durch Mehrarbeit, aufgrund des wachsenden Mangels an Arbeitskräften (vgl. Doose 2012). Ebenso bürgen die steigenden Trends zu befristeten Arbeitsverträgen, Teilzeitarbeit und Leiharbeit (vgl. www.arbeitsagentur.de, Zugriff am 05.09.12, 10:00 MEZ) Risiken in sich, die einerseits einkommensbedingte Einschnitte der gegenwärtigen Lebensführung bewirken und andererseits geringe Handlungsspielräume für die persönliche Zukunftsplanung zulassen.

Da lediglich ein zahlenmäßig geringer Teil unserer Gesellschaft über Eigentum an Produktionsmitteln verfügt, ist die Mehrheit der Bevölkerung zur Sicherung ihres Lebensunterhaltes darauf angewiesen, ihre Arbeitskraft in den Dienst der Kapitalisten zu stellen, woraus sich zwangsläufig ein Abhängigkeitsverhältnis ergibt (vgl. Hradil 2005). Damit es Arbeitgebern jedoch nicht ermöglicht wird, ihre Angestellten in ihrer Rolle als *Diener* wie eine Ware zu handeln, schützen sozialrechtliche Bestimmungen im Rahmen der sozialen Marktwirtschaft die rechtliche Position des Arbeitnehmers.

Sowohl die Bismarck'schen Sozialgesetze, als auch spezifische Arbeitsgesetze (Arbeitszeit- und Arbeitsschutzgesetz, der Kündigungsschutz (vgl. Doose 2012) oder die Lohnfortzahlung im Krankheitsfall weichen neben den bereits benannten Interessenvertretungen (Gewerkschaften und Betriebsräte) die Machtstellung der Unternehmer auf. Vor allem auch Menschen mit behinderungsbedingten Benachteiligungen sollen in ihren Rechten am Arbeitsmarktgeschehen bestärkt werden. Ihre Berechtigung zur Gleichstellung mit „nicht-behinderten" Menschen am Arbeitsleben wird insbesondere durch das *SGB IX* (Rehabilitation und Teilhabe behinderter Menschen) hervorgehoben. Darüber hinaus bekräftigen das *Allgemeine Gleichbehandlungsgesetz* (*AGG*) ebenso wie das *Behindertengleichstellungsgesetz- (BGG)* gerechte Zugänge zu regulärer Arbeit.

<u>Aus dem Blickwinkel des Arbeitnehmers- Bewertung von Arbeit</u>

Nach Zwierlein (Doose 2012, S. 76, zit. nach Zwierlein 1997) ist Arbeit eine...

> „...lebensnotwendige Bedingung unseres Lebens". (...), „dass Arbeit, sei sie ideell oder materiell, eine planvoll organisierte und angestrengte menschliche Tätigkeit ist, die primär menschlicher Existenzsicherung und Bedürfnisbefriedigung dient".

Aus seiner Definition geht hervor, dass Arbeit eine wichtige Grundlage menschlichen Daseins ist. Die damit verbundenen Bemühungen zielen vorrangig darauf ab, den Lebensunterhalt eigenständig zu sichern. Andererseits erfährt der Mensch für sich selbst eine innere Bestätigung, wenn er mit seiner Arbeitskraft Erfolge erzielt (vgl. ebenda). Zwierlein betrachtet Arbeit lediglich im Sinne von Erwerbsarbeit, die sich an Leistungsmaßstäben orientiert. Sie zeichnet sich durch Kontinuität und Normen aus, denen sich Erwerbstätige weitestgehend unterordnen müssen. Der Tauschwert in Form des Einkommens belohnt den Verdienenden insoweit, dass er über das Einkommen weitestgehend selbst bestimmen darf, um damit persönliche Bedürfnisse realisieren zu können (vgl. Wocken 2011).

Weiterhin **sichert Arbeit**, sofern sie sozialversicherungspflichtig begründet ist, **prekäre Lebenslagen** ab, da mit den Sozialversicherungsbeiträgen Vorsorge im Krankheits-und Pflegefall, bei Arbeitslosigkeit, für den Eintritt in das Rentenalter und bei vorzeitiger Erwerbsunfähigkeit geleistet wird (Doose, 2012, S. 77).

Dadurch, dass Arbeit regelmäßig geleistet wird, erlebt der Mensch sowohl eine räumliche, als auch eine zeitliche **Strukturierung seines Tagesablaufes**. Er erfährt dadurch eine Trennung der beiden Milieus Betriebsstätte und Wohnraum einerseits und eine Unterscheidung zwischen Arbeitszeit und Freizeit andererseits (vgl. ebenda).

Da die meisten Arbeitnehmer in ein Team integriert sind, besitzt Arbeit eine **soziale Funktion**. Denn sie stehen in stetiger Interaktion mit Kollegen und Vorgesetzten, mit denen sie Verhandlungen führen oder Arbeitsabläufe gemeinsam bewältigen müssen. Mit dem Streben nach Selbstverwirklichung und sozialer Anerkennung ihrer Leistungen wächst der Kampf um den **sozialen Status**. Das von Bourdieu in der *Kapitaltheorie* beschriebene kulturelle Kapital in Form grundlegender und weiterführender beruflicher Qualifikationen, schafft in der Konsequenz nicht nur Voraussetzung für den beruflichen Aufstieg, sondern bewirkt oftmals auch ein positives Image im gesamten Sozialraum. (vgl. Doose 2012, zit. nach Bourdieu 1985).

Der Arbeitsbegriff, den Doose (2012) und Zwierlein (1997) als eine planvoll organisierte Tätigkeit beschreiben, die vordergründig der existentiellen Absicherung und dem kapitalistischen Ziel der wirtschaftlichen Verwertbarkeit der Arbeitskraft dient, bedarf einer erweiterten Betrachtung, um das gesamte Spektrum alltäglicher Handlungsvollzüge verschiedener Personengruppen darin zu erfassen (vgl. Becker 2012). Mutz (1997) und Beck (1999) weichen von der scharf umrissenen Erklärung ab, die sich an Kriterien des Einkommens und der Vergrößerung des Bruttoinlandproduktes orientieren. Sie stufen jede Alltagsbeschäftigung, die sowohl persönlichen (Hausarbeit, Betreuung Angehöriger), als auch gemeinnützigen Zwecken (Ehrenamt, Nachbarschaftshilfe) dient, als ein zweckmäßiges Tätig-sein im Sinne der Bedeutung von Arbeit ein (vgl. Doose 2012, zit. nach Mutz und Beck).

Eine anthropologische Erklärung von Arbeit, die diese Sichtweise bestätigt, lässt sich auf Karl Marx zurückführen. Im ersten Band seines Werkes „Das Kapital" kennzeichnet er drei wesentliche Momente, die dem Tätig-sein zugrunde liegen:

> „Es gibt einen **Gegenstand**, der mit Werkzeugen durch eine **menschliche… Tätigkeit** auf ein **vorher antizipiertes Ziel** hin bearbeitet wird"
>
> (Becker 2012, S. 128, zit. nach Marx 1972).

Sein Verständnis von Arbeit steht im Zusammenhang mit einem absichtsvollen, sinnstiftenden Handeln, das im Laufe der menschlichen Entwicklung durch die Verknüpfung von Erfahrungswerten und erzieherischen Einflüssen erlernt werden muss.

Um von dieser Erklärung einen Bogen zur Behindertenpädagogik zu schlagen, wird auch die tagesstrukturierende Beschäftigung schwerstmehrfachbehinderter Nutzer, innerhalb des Förder- und Beschäftigungsbereichs (FuB), diesem Anspruch gerecht. Ihre Teilhabe am Arbeitsleben bestätigt sich selbst durch die Ausführung einfacher Arbeitsschritte unter Handführung, wie z. B. das Formen eines Tonklumpens oder das Auffädeln einer Kette (vgl. ebenda).

Bieker (2005) wiederum differenziert zwischen Arbeit und dem Tätig-sein. Die Definition von Arbeit beinhaltet seines Erachtens das Tauschverhältnis von Geld und Arbeitsleistung, während er das tagesstrukturierende Handeln in einer Werkstatt für Menschen mit Behinderung (WfbM) oder im FuB einer Tätigkeit zuordnet, die vorrangig der Sinnerfüllung und Selbstbestätigung Rechnung trägt. Im Fazit sind beiden Perspektiven gemein die Verantwortung über ein abgestecktes Tätigkeitsfeld, ein zielgerichtetes Handeln in mehr oder minder komplexen Zusammenhängen sowie das im Ergebnis geschaffene Werk, mit dem sich das arbeitende Individuum identifizieren kann (vgl. Doose 2012).

Folgen von Arbeitslosigkeit

Im vorangegangenen Abschnitt wies ich auf die individuelle Wertigkeit einer alltagsstrukturierenden Beschäftigung hin. Vor diesem Hintergrund sollen nachfolgend die Problematik der Arbeitslosigkeit und deren Konsequenzen beleuchtet werden. Durch Untersuchungen konnte belegt werden, dass der Verlust des Arbeitsplatzes in der Entwicklung zur Langzeitarbeitslosigkeit (ab einem Zeitraum von zwölf Monaten), die menschliche Lebensqualität ganzheitlich- in der sozio-ökonomischen, körperlich-seelischen und sozialen Dimension einschränkt und schädigt.[1] (www.bpb.de, Zugriff am 25. 09.12, 12:00 MEZ). Dabei sei nicht außer Acht zu lassen, dass auch die Berufstätigkeit, etwa aufgrund unbefriedigender Arbeitsbedingungen, gesundheitliche Risiken in sich bergen kann.

Eine erfolgreiche Wiedereingliederung in den Arbeitsprozess gestaltet sich umso schwieriger, je mehr die allgemeine Leistungsfähigkeit abnimmt, je prekärer sich die finanzielle Situation im Alltag, z. B. durch Überschuldung auswirkt und schließlich mit gesundheitlichen Folgeschäden, oft auch mit Vereinsamung, wie in einem Zahnrad ineinander greifen (vgl. Doose 2012).

Derartige Wechselwirkungen bedürfen eines zielgerichteten, auf die Situation und die Ressourcen des Zu-Integrierenden abgestimmten Eingliederungskonzeptes, um den bereits erläuterten Maßstäben des allgemeinen Arbeitsmarktes erneut gerecht werden zu können. Die Statistik der Bundesagentur für Arbeit (2010) zeigt auf, dass

---

[1] Aufschluss über Zusammenhänge zwischen einer andauernden Arbeitslosigkeit und der Verschlechterung des gesundheitlichen, sozioökonomischen und psychosozialen Wohlbefindens gibt die von Jahoda; Lazarsfeld und Zeisel durchgeführte soziologische Studie aus dem Jahr 1929/1930

hinter dem Zuwachs an sozialversicherungspflichtigen Beschäftigungsverhältnissen die Nachfrage nach unter- oder unqualifizierten, sowie nach (schwer-)behinderten und älteren Arbeitslosen (vgl. www.statistik.arbeitsagentur.de, Zugriff am 06.09.12, 10:10 MEZ) deutlich zurückbleibt, wobei die Zahl an Arbeitslosen zwischen dem 50. und dem 65. Lebensjahr um zwei Prozent anstieg (vgl. ebenda).

Vor diesem Hintergrund wirkt sich für die benannten Personengruppen der Rückgang an arbeitsmarktpolitischen Förderungen, insbesondere bei den Arbeitsgelegenheiten in der Entgeltvariante (zweiter Arbeitsmarkt) oder Beschäftigungen mit Mehraufwandsentschädigungen (dritter Arbeitsmarkt) negativ aus. Gleichzeitig schränkt die rückläufige Zahl an Eingliederungszuschüssen für Arbeitgeber ihre Teilhabechancen ein. (vgl. ebenda). Erwähnenswert ist auch, dass von den 3,2 Mio. gemeldeten Arbeitslosen (die Anzahl hinzukommender Erwerbsloser bleibt unberücksichtigt) rund 2/3 (2.1 Mio. Personen) dem Leistungsbereich des SGB II (Grundsicherung für Arbeitsuchende) zur Verfügung stehen und damit nicht von den Maßnahmen zur Arbeitsförderung aus dem SGB III aufgefangen werden. Schlussfolgernd bestätigen diese Entwicklungen die geltenden Leistungsrichtlinien des allgemeinen Arbeitsmarktes, an denen Unternehmen die Nachfrage ausrichten.

Bieker (2005) warnt diesbezüglich vor einer Splittung der Gesellschaft in einen Teil, der seinen Lebensunterhalt durch sein Einkommen abdecken kann, und einen zweiten, der seinen Lebensstandard mit Hilfe geringfügiger Beschäftigungen abzusichern versucht.

Eine von sozioökonomischen Kriterien geprägte Polarisierung der Bevölkerung fördert selektive und dichotome Denkprozesse, die Speck (1999) damit erklärt, dass die grundlegend unterschiedlich gestalteten Lebenswelten dazu beitragen, dass das Interesse an Gemeinschaft und gegenseitiger Hilfeleistung aneinander verloren geht. Haeberlin konkretisiert Specks' Position, indem er auf vorherrschende Haltungen der im Besitz stehenden aufmerksam macht, die Menschen, an den Rand der Gemeinschaft stellen, die lediglich staatliche Kosten verursachen und damit keinen produktiven Beitrag am Gemeinwohl leisten (vgl. ebenda).

<u>Zur beruflichen Situation von Menschen mit Behinderungen am allgemeinen Arbeitsmarkt</u>

Die Analyse der statistischen Arbeitsmarktdaten (vgl. www.arbeitsagentur.de, Zugriff am 07.09.12, 12:13 MEZ) ergab einerseits einen positiven Trend der allgemeinen Beschäftigungssituation, andererseits jedoch bezieht sich die Nachfrage von Seiten der Arbeitgeber auf mittel- und höherqualifiziertes Fachpersonal. Daraus resultieren ungünstige Voraussetzungen, insbesondere für ältere Arbeitssuchende (ohne weiterführende Qualifikationen) und schwerbehinderte Personen[2] (Grad der Behinderung: ab 50 %) bzw. der ihnen gleichgestellten Personen (GdB von mindestens 30 %) (vgl. Doose 2012).

Die signifikante Ausgrenzung der benannten Risikogruppen aus regulären Arbeitsverhältnissen zeigt sich anhand der überdurchschnittlich hohen spezifischen Arbeitslosenquote, die mit einem Satz von 14,7 % die allgemeine Quote um circa 50 % übersteigt (180.000 Menschen als arbeitslos gemeldet) Vor dem Hintergrund, dass ein Großteil dieses Klientels entweder aufgrund von vorzeitiger Verrentung oder der Integration in gesonderte Fördereinrichtungen (WfbM/FuB) in den Statistiken unberücksichtigt bleiben, sind präzise Aussagen nur über den Weg der Erwerbsbeteiligung zu treffen.

Ausgehend von einer Gesamtzahl von etwa drei Millionen Schwerbehinderten im Erwerbsalter (15 – 65 Jahren), lag die Erwerbsquote lt. Mikrozensus für beide Geschlechter bei 50,1 % Im Verhältnis dazu betrug sie bei Nicht-behinderten Personen 75,9 % (vgl. ebenda).

Obgleich private wie auch öffentliche Betriebe der Besetzung vorgeschriebener Pflichtarbeitsplätze[3]. verstärkt nachkommen (Nicht-Erfüllung der gesetzten Quote von 5 %), partizipieren geistig behinderte Menschen nur geringfügig am betrieblichen Arbeitsprozess (vgl. Doose 2012). Fasching (2004) und Schartmann (2000) begründen diese Benachteiligung mit der zunehmenden Rationalisierung und der Verlagerung einfacher Tätigkeiten in unterprivilegierte Arbeitsmärkte.

Darüber hinaus wirken sich die Fortentwicklung technischer Standards, bzw. die an Bedeutung zunehmende Qualitätssicherung, die mitunter der Erhaltung der Wettbewerbsfähigkeit dient, nachteilig auf Menschen mit kognitiven Leistungsverminderungen aus. In Verbindung mit den eng bemessenen Zeitmustern, in denen Aufträge erfüllt werden müssen, „verlangen" die zunehmend komplexeren Arbeitsabläufe nach einem angemessenen Bildungsgrad und praktischer Erfahrung (vgl. Speck 1999).

---

[2] Innerhalb der vorliegenden Statistiken erfolgt keine differenzierte Analyse nach Förder-schwerpunkten; es werden ausschließlich allgemeine Aussagen zum Klientel der nach dem Gesetz anerkannten schwerbehinderten Menschen getroffen (vgl. bmbf.de, Zugriff am 15.10.12, 17:30 MEZ).

[3] Gemäß § 71 (Beschäftigungspflicht) sind Arbeitgeber ab einem Jahresdurchschnittlichen Bestand von zwanzig Arbeitnehmern zur Erfüllung einer Quote von 5 % an schwerbehinderten Beschäftigten verpflichtet. Kommen sie diesen Forderungen unzureichend nach ist eine anteilige Ausgleichsabgabe (§ 77) pro Pflichtplatz an das Integrationsamt zu entrichten, um eine Gerechtigkeit gegenüber Betrieben (vgl. www.zbfs.bayern.de, Zugriff am 15.10.12, 17:30 MEZ)

In der Gegenüberstellung dieser Anforderungen zu den Voraussetzungen, die Absolventen aus (größtenteils) Förderschulen als Ressourcen mitbringen, ist vorwiegend nicht ausreichend, um den Leistungsmaßstäben Rechnung zu tragen. Infolge dessen ist der Weg aus der Schule in die WfbM für einen hohen Anteil junger Menschen vorgezeichnet, nicht zuletzt auch deshalb, weil zwischen Förderschulen und Werkstätten vielfach Kooperationsverträge bestehen (vgl. Schartmann 2000).

Die Tatsache der unzureichenden Vermittelbarkeit in reguläre Beschäftigungsverhältnisse zeigt die überproportionale Präsenz kognitiv benachteiligter Menschen am Sonderarbeitsmarkt WfbM. Mit einer Quote von über 80 % - im Jahr 2010 waren das mehr als 285.000 Werkstattbeschäftigte - bilden sie die Kerngruppe dieser Arbeitsstätten (vgl. Doose 2007/2012).

Um dieser signifikanten Benachteiligung entgegenzuwirken, sind Gesetzgeber und Dienstleistende seit der Übereinkunft der Vereinten Nationen (*UN - BRK*) zur Stärkung der Gleichstellung in allen Lebensbereichen aufgefordert. Der nachfolgend zu analysierende Artikel 27 weist mit Nachdruck auf die Rechtsposition des künftig als vollwertig anzuerkennenden Bürgers hin.

Dieser arbeitsweltbezogene *Gleichstellungsgrundsatz* steht in Verbindung mit einer Konkretisierung bedarfsgerechter Arbeitsplatzbedingungen, die unter Beteiligung der Vertreter der in Lateinamerika und in Deutschland formierten Selbstvertretungsgruppe „*People First*" formuliert wurden (vgl. Theunissen 2002). Darauf wird nachfolgend näher eingegangen.

<u>Das Recht auf Arbeit für Menschen mit (geistigen) Behinderungen</u>

Die Bundesrepublik Deutschland ist mit der Ratifizierung der *UN – BRK* dem Recht auf Arbeit für Menschen mit Behinderungen verpflichtet. Der Artikel 27 der *UN – BRK* lautet:„*Die Vertragsstaaten anerkennen das gleiche Recht von Menschen mit Behinderungen auf Arbeit und insbesondere die Möglichkeit, in einem **offenen, integrativen und zugänglichen** Arbeitsmarkt und Arbeitsumfeld den Lebensunterhalt zu verdienen.*"

Aufgrund der nachhaltigen Aussonderung leistungsgeminderter oder verhaltensauffälliger Menschen in alternative Beschäftigungssysteme besteht als dauernde Aufgabe, die Gleichstellung mit vermeintlich „*normalen*" Bevölkerungsschichten durch das Recht auf vollwertige Teilhabe am Arbeitsmarkt explizit zu fordern.

Die Verwirklichung dieser Erwartungen wird durch die auch in Deutschland formierte Menschenrechtsvereinigung „People First" inhaltlich wie folgt angestrebt:

- Stärkung von Selbstbestimmung bezüglich der Wahl des Arbeitsplatzes
- Chancen, den Lebensunterhalt durch Angleichung des Lohns und unabhängig von staatlichen Leistungen zu decken
- die Anpassung arbeitsweltlicher Rahmenbedingungen an den Einzugliedernden mit seinen speziellen Voraussetzungen und Bedürfnissen
- das Recht auf eine bedarfsgerechte (auch nachteilsausgleichende) Unterstützung und Qualifizierung am Arbeitsplatz durch entsprechende ökonomische, technische und personelle Mittel
- das Bedürfnis nach Zugehörigkeit und Anerkennung der Leistungsfähigkeit
- die Partizipation an betrieblichen Entscheidungsprozessen, inklusive der Teilhabe internen Gremien als mündiges Mitglied

(vgl. Wocken 2011)

Die Freiheit, das Arbeitsfeld und den Arbeitsort selbst auswählen zu können, ist Ausdruck für die Handlungsfähigkeit und die Entscheidungsfreiheit des *empowered* – bemächtigten – Individuums. Das Gefühl vermittelt zu bekommen, vollwertig am Arbeitsprozess beteiligt zu sein und darüber hinaus Erfolgserlebnisse durch selbständiges Tun zu spüren, stärkt in großem Maß das Selbstwertgefühl (vgl. Speck 2005). Zusätzlich erfährt dieser Mensch durch die eigenständige Verwaltung seines Einkommens Autonomie in der Gestaltung seiner Wohnverhältnisse und der Freizeitaktivitäten, die unter Berücksichtigung der vielfältig praktizierten Fremdbestimmung besonderen Wert genießen (vgl. Doose 2012).

Bieker (2005) bekräftigt, dass insbesondere schwerbehinderte Menschen einer großen Gefahr der Isolation ausgesetzt sind, der durch die Eingliederung in ein reguläres Beschäftigungsverhältnis entgegengewirkt werden kann. Der Grundgedanke, dass die Fähigkeit zur Selbstbestimmung neu erlernt werden muss, ist Ausgangspunkt des **Empowerment**, ein pädagogischer Ansatz, der durch die Einflüsse amerikanischer Bürgerrechtler in Deutschland zunehmend an Bedeutung gewonnen hat (vgl. Theunissen 2002).

Herringer (2006) und Theunissen (2002) vertreten die Sichtweise, jedem Menschen mit unbedingtem Respekt und Wertschätzung gegenüber seinen ihm innewohnenden

Stärken (Stärkenperspektive) sowie seinen besonderen Bedürfnissen und biografisch geprägten Wesenszügen zu begegnen (vgl. Theunissen 2002). Mitunter soll diese Wertvorstellung in einer Umkehrung des Machtverhältnisses zwischen dem Anspruchsberechtigten und den sozialen Dienstleistern zur Geltung kommen (vgl. ebenda). Zukünftig nehmen Menschen mit einem Handicap die Rolle des Managers ein, in der sie Leistungsvereinbarungen mit eigenem Stimmrecht erwirken (z. B. Trägerübergreifendes Persönliches Budget) und zudem die Qualität der Dienstleistungen beeinflussen können (vgl. Herringer 2006). Unter Berücksichtigung der in dem Kapitel „Der Arbeitsmarkt im Kapitalismus" herausgearbeiteten Merkmale geistiger Behinderung (z. B. sprachliche Barrieren, u. a. in Verbindung mit der Artikulation von Bedürfnissen) sind meiner Ansicht nach von Seiten Professioneller und deren Angehörigen – mit Blick auf die Stärkung von Selbstbestimmung – präzise Kenntnisse bezüglich ihrer Wünsche und Erwartungen erforderlich.

Um den Artikel 27 abschließend noch einmal aufzugreifen – im Hinblick auf eine nachhaltige Beschäftigung ist an das Selbstverständnis der Unternehmungen am allgemeinen Arbeitsmarkt zu appellieren, sich gegenüber der Vielfalt menschlicher Charaktere bereitwillig zu öffnen.

Um Schulabgängern Wege in einen gemeinsamen Arbeitsmarkt zu ebnen, sind umfassende Methoden der beruflichen Orientierung und Vorbereitung auf das Arbeitsleben zu entwickeln und individuenzentriert umzusetzen. Denn die Erwerbsbiografie steht im Kontext von *Normalisierung*, d. h. der Anpassung an die *„normalen"* Lebensbedingungen und ist unter besonderer Berücksichtigung von Selbstbestimmung zu gestalten.

Vor diesem Hintergrund sind im Anschluss sowohl klassische als auch neu entwickelte Konzepte an der Schnittstelle *Schule - Arbeitswelt* auf ihre Effektivität hin zu untersuchen.

Übergang von der Förderschule in die Arbeitswelt

Der Übergang von der Schule in Ausbildung und Berufstätigkeit stellt eine Schlüsselpassage für jeden Jugendlichen dar, da er durch eine Vielzahl von Geschehnissen und auch Erfahrungen gekennzeichnet ist, die Einfluss auf den weiteren Lebensweg ausüben (vgl.www.bmbf.de, Zugriff am 02.10.2012, 15:00 MEZ). Denn mit dem Wechsel aus dem vertrauten Schulumfeld in die ungewohnte Sozialisationsinstanz Arbeitswelt sind umfangreiche Entwicklungsprozesse verbunden, die die gesamte Lebenswelt des jungen Absolventen tangieren.

Niedermair (2005, S. 65, zit. nach Schartmann 2000) weist diesbezüglich auf abrupte Veränderungen der sozialen Rolle, in Verbindung mit dem Zustandekommen neuer Beziehungen (z. B. am Arbeitsplatz), hin. Die Orientierung in neue Lebensräume bedingt oftmals auch eine grundlegende Ablösung von der Familie und Freunden aus der Kindheit.

Um mich der Thematik der *beruflichen Eingliederung* systematisch anzunähern, soll im ersten Schritt ein Verständnis für die Besonderheiten in der persönlichen Entwicklung geistig beeinträchtigter Jugendlicher geschaffen, im weiteren systemische Einflüsse und Wechselbeziehungen durch die Familie[4] und das soziale Umfeld betrachtet und zuletzt die Ausgangsbedingungen für den Eintritt in das Arbeitsleben beurteilt werden (vgl. ebenda).

Entwicklungsaufgaben und Besonderheiten Jugendlicher im Übergang

Die Phase der Adoleszenz, in der sich Jugendliche im Abschluss ihrer zehnjährigen Schulzeit befinden, bedeutet -nach der bereits eingeleiteten Ablösung vom Elternhaus zu Beginn der Pubertät- einen zweiten großen Schritt in die Autonomie. Die Orientierung in den Sozialraum spielt für die individuelle und psychosoziale Reifung im Erwachsenwerden eine zentrale Rolle. Eine vollwertige Teilhabe an der Gemeinschaft, so z. B. die freizügige Teilnahme am kulturellen Leben, verlangt nach größtmöglicher Unabhängigkeit, frei von der Kontrolle Erziehungsberechtigter (vgl. Uphoff 2010, zit. nach Hennies/Kuhn 2004).

Vor dem Hintergrund vergleichbarer Entwicklungsschritte gegenüber gesunden Heranwachsenden, bestehen bei Menschen mit Behinderungen signifikante Unterschiede in der Alltagsbewältigung. Denn infolge grundsätzlicher

---

[4]Ähnliche Überlegungen sind auch auf junge Menschen in Pflegefamilien und im Heimalltag anzustellen. Zur vereinfachten Darstellung beziehe ich mich ausschließlich auf die Familie als Sozialisationsinstanz.

Einschränkungen in der Mobilität und in der Kommunikationsfähigkeit sind sie auf die lebenslange Unterstützung verlässlicher Beziehungspartner angewiesen. Diese mitunter bewusst wahrgenommene Diskrepanz löst nach Ansicht von Hennies und Kuhn in den Jugendlichen Krisen und Konflikte aus, die sich in Verhaltensauffälligkeiten verschiedener Ausprägung (Rückzug, Gewaltbereitschaft) äußern können. Bedürfnisse und Gefühle, die aufgrund mangelnder Verbalisierungsfähigkeiten nur unzureichend mit der Familie kommuniziert werden können, bewirken mitunter Missverständnisse und erschweren das Einfühlungsvermögen für persönliche Interessen und Bedürfnisse beiderseits. Auf der anderen Seite stehen auch die Eltern in dieser Umbruchphase in einem Spannungsverhältnis zwischen ihren Kindern und dem sozialen Feld. In der Auseinandersetzung mit der Komplexität zukünftiger Veränderungen und der damit verbundenen Hürden drängt sich die Problematik um die Behinderung verstärkt in ihr Bewusstsein. Hinzu kommen Ängste des Versagens und Gefühle der Schuld und Scham, deren „Bewältigung" eine übermäßige Fürsorge bewirkt oder sogar einen Schutzmechanismus aktivieren kann, der die Familie vor sozialen Stigmatisierungen bewahren soll (vgl. Uphoff 2010, zit. nach Theunissen /Plaute 2002).

Eine derart charakterisierte Beziehungsdynamik führt vielfach zur Überforderung mit den Erziehungsaufgaben. Eltern, als die ersten Bezugspersonen im Leben des Kindes, prägen Einstellungen, übermitteln Werte und Erfahrungen, vermitteln lebenspraktische Fertigkeiten.

Fasching (2004, zit. nach Schröder 1987) macht explizit auf den erheblichen Einfluss der Erziehung in Bezug auf die Gestaltung ihrer Biografie und somit auch auf die Berufswahl aufmerksam. Entscheidend hierfür ist die elterliche Lebensführung, deren soziokulturelle und ökonomische Ressourcen einen Sicherheits-spendenden und strukturierenden Entwicklungsrahmen vorgeben.

Für die gesellschaftliche Anerkennung und der daraus resultierenden Teilhabechancen der Heranwachsenden an allen Lebensvollzügen legt die Familie durch ihren sozialen Status im gesamten Sozialisationsfeld (Arbeitsplatz, Nachbarschaft und Stadtteil), mittels ihrer ökonomischen Verhältnisse sowie ihres Bildungsgrades einen bedeutsamen Grundstein (vgl. Uphoff 2010, zit. nach Bourdieu 1983). Dooses' Erfahrungen mit Familien aus seiner Verbleibs- und Verlaufsstudie (2006) zeigten, dass Jugendliche mit Leistungsminderungen zum überwiegenden Teil aus bildungsfernen Elternhäusern stammen, deren ökonomisches Kapital aufgrund der dominierenden Arbeitslosigkeit geringe Werte aufwies.

Zugleich erschwerte eine markant ausgeprägte Kontaktarmut dieses Klientels (auf ein Minimum von bis zu fünf Personen beschränkt) Zugänge zu anerkannten Ausbildungs- und Arbeitsstätten, da es an Kompetenzen in der Unterstützung im Bewerbungsverfahren und in der Kontaktaufnahme mit Betriebsstätten mangelte (vgl. Fasching 2004). Folglich sind junge Menschen mit umfangreichen Förderbedarfen in mehrfacher Hinsicht benachteiligt. Insbesondere Schüler mit dem Förderschwerpunkt *Geistige Entwicklung,* die nicht integrativ an einer Regelschule, sondern an Förderschulen gebildet werden, erfahren zusätzlich durch den Erwerb des nicht – anerkannten berufsqualifizierenden Abschlusszeugnisses[5] eine flächendeckende Ausgrenzung aus dem Erwerbsleben (vgl. Hinz/Boban 2001).

Aus Sicht der Arbeitgeber bestehen gegenüber kognitiv beeinträchtigten Menschen oftmals Schwellenängste und Vorbehalte. Letztendlich fließen die schemenhaften Kenntnisse über die Bildungsqualität an der Förderschule, die Minderwertigkeit des Zeugnisses oder negative Erfahrungen Dritter in eine rein subjektiv gefärbte Beurteilung des Unternehmers über ihre wirtschaftliche Verwertbarkeit ein, die eine erfolgreiche Eingliederung in reguläre Beschäftigung zu einem Großteil unterbindet (vgl. Fasching 2004).

Aus der Gesamtheit **personaler** (Entwicklungs- und Leistungsbesonderheiten) und **systemischer** (mangelnde Teilhabechancen am Arbeitsmarkt, mindere familiäre Erziehungs- und Bildungsvoraussetzungen und Beziehungskonflikte) **Faktoren** erwachsen für alle am Prozess der beruflichen Rehabilitation Beteiligten umfassende Herausforderungen, die einem großen Verantwortungsgefühl, vor allen aber einer zweckmäßigen Zusammenarbeit bedürfen.

Da die Bildungsinstitution an der Schnittstelle *Schule – Arbeitswelt* vorbereitende Maßnahmen für den weiteren Bildungsweg einleitet, erfolgt im nächsten Abschnitt eine Einführung in das *System* der *Beruflichen Rehabilitation.*

---

[5] Das Abschlusszeugnis wird in Form des schriftlichen Kommentars verfasst, in dem sowohl der Leistungsstand, als auch Entwicklungsfortschritte erläutert werden.

Einführung in das System der Beruflichen Rehabilitation

Rehabilitation und Teilhabe behinderter Menschen

Die gesetzlichen Bestimmungen zur Rehabilitation behinderter und von Behinderung bedrohter Menschen sind seit dem Jahr 2001[6] im SGB IX (Rehabilitation und Teilhabe behinderter Menschen) verankert (vgl. Doose 2012, zit. nach Bieker 2005).

„Unter Rehabilitation versteht man einen Prozess, der darauf abzielt, Behinderte zu befähigen, ihre optimale körperliche, sensorische, geistige, psychologische und/oder soziale Leistungsfähigkeit zu erreichen und zu erhalten... und ihnen so die Mittel an die Hand zu geben, ihr Leben zu verändern und ein größeres Maß an Unabhängigkeit zu erreichen"

(Doose 2012, S. 88, zit. nach Vereinte Nationen 1993).

In der Definition der Vereinten Nationen stehen zwei Aspekte im Vordergrund. Im ersten Teil werden die Herstellung und Erhaltung der physischen, psychosozialen und geistigen Funktionen fokussiert, in deren Genesungsprozess der beeinträchtigte Bürger eine aktive Rolle einnimmt. Seine Eigenverantwortlichkeit soll schließlich insoweit gestärkt werden, als dass er durch eine gezielte (staatliche) Unterstützung befähigt wird, sein Leben selbständig zu führen, bis er in der Lage ist, dieses unabhängig von Leistungen zu gestalten (Hilfe zur Selbsthilfe). Dies sei der Ausgangspunkt für eine gelingende selbstbestimmte Teilhabe an allen gesellschaftlichen Vollzügen (vgl. Doose 2012).

Obgleich das Rehabilitationsmodell eng an das medizinische Paradigma anknüpft und damit die dem Individuum anlastenden Mängel betont, wird im letzten Satzteil die Perspektive auf die Kraftquellen der Person gelenkt, wodurch die Defizitlastigkeit wiederum relativiert wird (vgl. Theunissen 2009). Aus dieser Interpretation heraus lässt sich zugleich der geltende Leitsatz *„Rehabilitation vor Pflege und Rente"* ableiten (vgl. Speck 1999), wobei die Gesundung im medizinischen Kontext die Basis bildet. Schlussendlich ist dem Anspruch einer erfolgreichen Herstellung, Erhaltung und auch Wiederherstellung des menschlichen Wohlbefindens erst durch die Verzahnung aller individuell relevanten Bereiche der Rehabilitation gerecht zu werden.

---

[6] Infolge der UN – Konvention der vereinten Nationen (2009) wurden vor dem Hintergrund des Paradigmenwechsels in der Behindertenhilfe Neuregelungen und Begriffsänderungen vorgenommen (vgl. Doose 2012)

Anspruch auf soziale Leistungen zur Teilhabe nach diesem Buch haben Menschen, die *nach* dem § 2 Absatz 1 SGB IX als *behindert* eingestuft werden. Sie gelten als behindert,

> „...wenn ihre körperliche Funktion, geistige Fähigkeit oder seelische Gesundheit mit hoher Wahrscheinlichkeit länger als sechs Monate von dem für das Lebensalter typischen Zustand abweicht und daher ihre Teilhabe an der Gesellschaft beeinträchtigt ist" (...)

(Schröder 2009, S. 11).

Diese Begriffsbestimmung lehnt sich an das biopsychosozialen Modell (ICF) der WHO an, worin die Beziehung zwischen den Beeinträchtigungen der körperlichen geistigen und seelischen Funktionen und den daraus entstehenden Benachteiligungen in den alltäglichen Verrichtungen veranschaulicht wird.

Berufliche Rehabilitation und Integration

Mit Bezug auf die allgemeine Definition der *Rehabilitation* ist die *berufliche Rehabilitation*, als eigenständige Säule, sowohl an junge Schulabsolventen im Rahmen der Erstintegration in das Arbeitsleben als auch an Personen, die durch eine erworbene Behinderung (Krankheit/ Unfall) wieder in den Berufsalltag eingegliedert werden sollen (vgl. Biermann 2008), adressiert.

Das Anliegen besteht nach § 4 Absatz 1 SGB IX darin, ihre Teilhabe am Arbeitsleben, unabhängig von der Ursache, der Art der Behinderung und dem Ausprägungsgrad zu fördern. Der Grundsatz „*Rehabilitation vor Rente*" weist auf die Vorrangstellung präventiver Aufgaben hin.

Unter der Prämisse, eine weitaus selbständige Lebensgestaltung zu ermöglichen, ist nach dem Prinzip der Nachhaltigkeit auf die langfristige Sicherung eines vordergründig betrieblichen Beschäftigungsverhältnis hinzuwirken. Mit der Einleitung eines personenzentrierten Eingliederungsverfahrens soll die Gesamtheit an Hindernissen hinsichtlich des Zugangs zum allgemeinen Bildungs- und Arbeitsmarkt beseitigt und daher bereits im Rahmen der schulinternen Berufsorientierung auf eine nahtlose berufliche Eingliederung hingearbeitet werden (vgl. Burtscher/Ginnold/Hömberg 2002). In der Rückkopplung auf das fundamentale Anliegen der Rehabilitationspädagogik:

„die als behindert, entwicklungsbeeinträchtigt, sozial benachteiligt oder verhaltensauffällig geltenden Kinder und Jugendlichen in ihrem Reifeprozess zu erziehen, zu fördern und zu bilden" (Theunissen 2009, S. 39),

sei mit der anzustrebenden beruflichen Integration ein Transfer zu den charakteristischen Entwicklungsaufgaben im Erwachsenenalter hergestellt (vgl. ebenda).

Da die Berufstätigkeit als ein zentraler und struktureller Bestandteil der Biografie zu werten ist, die über die sozioökonomische Absicherung hinaus wesentlich zur Persönlichkeitsentfaltung beiträgt, liegt das primäre Integrationsziel in der Vermittlung in reguläre Arbeitsverhältnisse. Burtscher et al. (2002) schreiben der (relativen) Wunsch- und Wahlfreiheit über den Arbeitsort und der größeren Vielfalt an Arbeitsfeldern (als die in der WfbM gebotenen) eine wesentliche Verbesserung ihrer Lebensqualität zu. Biermann (2008) fügt hinzu, dass die Eingliederung in das „natürliche" Arbeitsumfeld des offen zugänglichen Sozialraumes – im Kontrast zu dem künstlich geschaffenen Markt – den WfbM, ein Fundament dafür bildet, damit eine barrierefreie Teilhabe gelingen kann.

Um den unterschiedlichen individuellen Bedarfen zu dieser erfolgreichen Teilhabe Rechnung zu tragen, ist der Leistungskatalog des SGB IX differenziert ausgestaltet. Im Einzelnen sind die Leistungen zur Teilhabe am Arbeitsleben im fünften Kapitel aufgeführt.

Diese umfassen nach § 33 SGB IX Hilfen zur Erlangung und Erhaltung eines Arbeitsplatzes (Bewerbungstraining, Mobilitätshilfen), Unterstützung am Arbeitsplatz (Arbeitsassistenz/ Job Coaching/ psychosoziale Hilfen oder berufsvorbereitende und –qualifizierende Maßnahmen) (vgl. Doose 2012). Da für einzelne Zielgruppen verschiedene Rehabilitationsträger zuständig sind, werden die spezifischen Regelungen in den folgenden Sozialgesetzbüchern weiter ausgeführt:

- Arbeitsförderung (SGB III)
- Rentenversicherung (SGB VI)
- Unfallversicherung (SGB VII)
- Bundessozialhilfegesetz (SGB XII) (vgl. BMFB 2012).

Für Schulabgänger im Rahmen der Erstintegration ist die Bundesagentur für Arbeit vorrangig zuständig (vgl. ebenda).

In Verbindung mit § 2 Absatz 1 *SGB IX* können Menschen mit Teilhabebeeinträchtigungen am allgemeinen Arbeitsmarkt Ansprüche auf Leistungen nach dem § 19 Absatz 1 SGB III geltend machen,

„"…wenn ihre Aussichten am Arbeitsleben teilzuhaben…wegen Art und Schwere ihrer Behinderung nicht nur vorübergehend wesentlich gemindert sind und die deshalb Hilfen zur Teilhabe am Arbeitsleben benötigen"

(Schröder 2009, S. 12).

Gleiches Recht steht nach Absatz 2 den Menschen zu, denen eine nach Absatz 1 benannte Benachteiligung droht (vgl. ebenda).

Die folgenden Abschnitte sollen dazu dienen, Einblicke in die zu durchlaufenden Phasen der beruflichen Rehabilitation zu vermitteln, beginnend mit der beruflichen Orientierung und Vorbereitung über die Qualifizierung bis zur Erlangung eines Beschäftigungsverhältnisses.

Berufliche Orientierung und Integrationsförderung an der Schule

Die Schule nimmt als Lern- und Lebensort, in Ergänzung zu der dyadischen Beziehung zwischen Schüler und Eltern, eine zentrale Bedeutung in der Vorbereitung auf die selbständige Lebensgestaltung ein (vgl. Lemken/Eckhardt 2008). Gemäß dem Bildungsauftrag durch das Bildungs- und Kultusministerium des jeweiligen Bundeslandes liegen die Zielsetzungen im Hinblick auf die Berufswahlorientierung in der Vermittlung berufs- und betriebsspezifischer Kenntnisse und Erfahrungen.

Mit dem Eintritt in die Oberstufe (9. Klasse) der Schule mit dem Förderschwerpunkt *Geistige Entwicklung*[7] hält der Rahmenlehrplan[8] einen **theorie- und praxisfeldbezogenen Fächerkanon** vor, der die Schüler mit Aufgaben und Anforderungen typischer Arbeitsfelder, beispielsweise dem technisch-wirtschaftlichen, dem handwerklichen und medizinisch- sozialen Sektor, vertraut machen soll (vgl. www.isb.de, Zugriff am 05.10.2012, 18:30 MEZ). Durch die schrittweise Heranführung an die Komplexität der Arbeitswelt soll ihnen eine *„Brücke"* in die Arbeitswelt *„gebaut"* werden. Die Notwendigkeit des frühzeitigen Einsatzes berufswahlorientierender Methoden erfolgt vor dem Hintergrund der vielschichtigen Herausforderungen, deren Umsetzung eine sorgfältige Planung

---

[7] Da nachhaltig der überwiegende Teil an Schülern mit einer geistigen Behinderung an Förderschulen für „Geistige Entwicklung" gebildet werden, beziehe ich mich mit den vorzustellenden Integrationskonzepten auf diesen Schultyp. Ähnliche Methoden und Kooperationen können an Regelschulen, als Angebot z.B. für Schüler mit Lernbehinderungen in Integrationsklassen vorgehalten werden. Schüler mit dem Förderschwerpunkt „Lernen" partizipierten im Jahr 2006 zu 45, 9 % an einer integrativen Schulbildung, während der Anteil der Schüler mit Schwerpunkt auf der geistigen Entwicklung bei 2,8 % lag (vgl. Der Paritätische 2008, zit. nach Kultusministerkonferenz 2008).

[8] Da die Schulbildung durch die einzelnen Kultusministerien der sechzehn Bundesländer separat geregelt ist, variieren die Rahmenlehrpläne innerhalb des Bundesgebietes (vgl. www.bmbf.de, Zugriff am 11.10.12, 16:00 MEZ). Meiner Arbeit liegt beispielhaft der Lehrplan des Bayerischen Staatsministeriums für Unterricht und Kultus zugrunde.

erfordert (vgl. Schartmann 2000). Beginnend mit der Heranführung an lebenspraktische Fertigkeiten (Selbstversorgung, Körperhygiene, Mobilitätstraining) in der Unter- und der Mittelstufe setzt sich die Bildung lebensweltlicher Kompetenzen in Anpassung an eine alters- und entwicklungsgerechte Förderung, in der Ober- und Werkstufe fort.

Die Werkschulstufe, die an die zehnjährige Pflichtschulzeit anschließt, bildet ein Äquivalent zur Berufsschule und ist institutionell in diese Schulform integriert (www.isb.de, Zugriff am 05.10.2012, 18:30 MEZ).

In dieser zweijährigen Ausbildung verdichten sich schulinterne und -externe Projekte mit der Absicht, dass sich die Schüler mit ihrem Wunschberuf identifizieren können. Neben der Arbeits- und Berufskunde richteten Schulen in den letzten Jahren vermehrt *Schülerfirmen* ein. Diese virtuellen Konstrukte sollen die betriebliche Aufbau- und Ablauforganisation realitätsnah simulieren. Indem die Jugendlichen die Rollen der Arbeitgeber und Arbeitnehmer einnehmen und aus deren Perspektive handeln, identifizieren sie sich mit ihren Verantwortungsgebieten und lernen Entscheidungen zu treffen (vgl. Hohn 2009, zit. nach Melzer/Laudwein/Eiden 2006). Am Anfang stehen der Aufbau, die Bestimmung der Rechtsform, sowie die Einrichtung der Firma. Ihr Tätigkeitsbereich erstreckt sich von der Planung über die Herstellung von Produkten oder die Erfüllung von Dienstleistungen bis hin zu notwendigen kaufmännischen Tätigkeiten. Schülerfirmen sind in allen Branchen, z. B. der Gastronomie, dem Handwerk, dem Handel oder im sozialen Bereich angesiedelt (vgl. ebenda). Besonders Schüler mit geringen Vorstellungen über ihre berufliche Zukunft profitieren von diesem Angebot, da sie über das Sammeln praktischer Erfahrungen neue Interessen entwickeln können (vgl. Lelgemann 2005). Diese lebensnahen Erlebnisse sollen ihnen im Rahmen von ersten **Betriebserkundungen und Praxistagen** helfen, die Tätigkeitsfelder im Ganzen zu erschließen.

Das vier Wochen andauernde **Praktikum im ersten Werkstufenjahr** (Es besteht die Option auf weitere Orientierungspraktika) dient seitens der jungen Erwachsenen zur Einschätzung ihrer persönlichen Eignung. Da ihre Entscheidungen vorrangig auf emotionalen Kriterien beruhen (Fasching 2004), soll ihnen durch das bewusste Erleben der tatsächlichen Arbeitsbedingungen die Chance gegeben werden, ihre individuellen Neigungen unter den Bedingungen der täglichen physischen und psychischen Belastung zu erproben (vgl. isb.de, Zugriff am 05.10.2012, 21:00 MEZ). Daraus erwächst ihnen die Möglichkeit, eigenverantwortlich, auf der Basis der Bewertungen (Vor- und Nachteile), die Berufswahl zu reflektieren, ohne dass ihnen dieser Wunsch im Voraus abgesprochen wird. Stattdessen können

Professionelle am Stand der unter Beweis gestellten Leistungsfähigkeit anknüpfen, indem auch sie durch eine kritische Reflexion bestehende Förderbedarfe erkennen und mit Blick auf das angestrebte Berufsziel gezielt darauf einwirken.

Aus dem Blickwinkel des Arbeitgebers wird diese Praxisphase auch als ein *Königsweg* deklariert, da er sich ohne vertragliche und finanzielle Verpflichtungen einen ersten Eindruck von der Persönlichkeit des Schülers verschaffen kann (vgl. Schartmann 2000). Gleichzeitig erweist sie sich als hilfreich, um voreingenommene Haltungen sowie auch Schwellenängste abzubauen. Erfahrungen aus der Praxis bestätigen, dass sich die intensive Auseinandersetzung mit den Verhaltensweisen (Arbeitshaltung, Konzentration, Kritikfähigkeit) und dem Leistungsprofil (kognitive/manuelle Fähigkeiten/Fertigkeiten) als förderlich für den *nahtlosen* Übergang in ein Arbeitsverhältnis erwiesen haben (vgl. Hohn 2009).

Schartmann (2000) weist aufgrund dieser begünstigenden Umstände explizit darauf hin, den zu Integrierenden bereits innerhalb der schulischen Praxiszeiten in Einrichtungen des allgemeinen Arbeitsmarktes zu platzieren. Gleichzeitig ließen sich die größtenteils minder ausgeprägten Schlüsselkompetenzen in Vorbereitung auf den Arbeitsprozess verbessern (vgl. Schartmann 2000). Um junge Erwachsene mit geistigen Behinderungen fachlich in den Phasen der Berufswahlentscheidung sowie in der Einleitung, Durchführung und Auswertung der Praxiseinheiten intensiv begleiten zu können, entwickelte die Hamburger Arbeitsassistenz, ein Integrationsfachdienst[9], im Jahr 2004 in Kooperation mit Förder- und Regelschulen, ein Projekt, um konkret diese Zielgruppe im Verlauf ihrer ***berufliche(n) Erfahrung und Orientierung*** (*bEO*) zu begleiten (vgl.www.bag-ub.de, Zugriff am 08.10.2012, 22:05 MEZ). Unter Zuhilfenahme des Ende der 1980er Jahre in Kanada und den USA entwickelten Konzeptes der ***Persönlichen Zukunftsplanung*** sollen zukünftige Lebenswege erschlossen werden. Diese Konzeption erlaubt zunächst eine ganzheitliche Betrachtung aller Lebensräume innerhalb des Sozialraumes, bezogen auf den Lebensstil, den Wohnraum, die Freizeit, und den Arbeitsplatz (vgl. Doose 2011).

Im Zuge einer ganzheitlichen Sozialraumorientierung werden in den Schulalltag, neben sexualpädagogischen Lerneinheiten, auch gemeinsame **Projekte mit weiteren Bildungseinrichtungen oder zur Gestaltung des Stadtteils** eingebunden. Letztere bewirken für die Bildungsinstitution eine Erhöhung ihres

---

[9] Die Hamburger Arbeitsassistenz ist ein Integrationsfachdienst, der sich neben der Organisation der Arbeitsassistenzen auf die betriebliche Qualifizierung werkstattzugehöriger Beschäftigte im Rahmen des Ambulanten Arbeitstrainings spezialisiert hat (vgl. Hohn 2009).

Bekanntheitsgrades, der für die Suche nach betrieblichen Einsatzmöglichkeiten im Praktikum Vorteile mitbringen kann (vgl. Lelgemann 2005).

Die Berufswegeplanung

Die *Berufswegeplanung* ist eines der richtungsweisenden Ziele im Rahmen der *Persönlichen Zukunftsplanung*. Die damit verknüpfte Beratung junger Menschen in der Phase der Berufsfindung setzt bei ihren Interessen, Neigungen, Wünschen und ersten beruflichen Vorstellungen an. Diese sind als Potentiale für eine gelingende berufliche Integration zu werten, während ihr Leistungsprofil zunächst nachrangig zu betrachten ist. Diese Methode fußt auf dem Leitmotiv des Empowerment, dem ein von Optimismus geprägtes Menschenbild zugrunde liegt, welches sich auf die unveräußerlichen Menschenrechte eines jeden Individuums beruft (vgl. Wocken 2011).

Ausgehend von dieser Wertvorstellung soll der zu Begleitende in die Lage versetzt werden, eigenmächtig über seinen bevorstehenden Lebensweg verfügen zu können, indem das Vertrauen in seine Fähigkeiten gestärkt und er für alle zu treffenden Entscheidungen ermutigt wird (vgl. Theunissen 2009). Da der Großteil an Professionen jedoch höherwertige Qualifikationen abverlangt, die durch den intensiveren Förderbedarf schwerer zu erreichen sind, muss im Interesse des Jugendlichen ein Nachteilausgleich erwirkt werden (vgl. Burtscher et al. 2002). Dazu werden in Form eines Brainstormings Ideen, Träume und Erwartungen des Schülers mit typischen Charakteristika einzelner Berufsbilder verwoben, bis sich daraus ein eigenständiges Tätigkeitsprofil herauskristallisiert. Treffend pointiert Joseph Beuys, ein Vertreter der *„Modern Art"* des 20. Jhrd., mit dem nachfolgenden Zitat den zentralen Stellenwert selbstbestimmter Entscheidungen, mit denen er an den Verantwortung übernehmenden Jugendlichen appelliert:

> "Die Zukunft, die wir wollen, müssen wir selbst erfinden! Sonst bekommen wir eine, die wir nicht wollen."
>
> (www.zitate-portal.com, Zugriff am 08.10.2012, 22:05 MEZ)

Gleichzeitig fordert er mit seinem Aufruf eine Positionierung gegen das tradierte Fürsorge-Paradigma, dessen Wirkung nur dadurch entkräftet werden kann, dass die betreffenden Akteure eigene Lebenswege planen, die Zukunft buchstäblich *„in die Hand nehmen"*, ehe Angehörige, soziale Dienstleistende oder Behörden die Gelegenheit wahrnehmen, im Interesse des Akteurs Entscheidungen zu treffen (vgl. Theunissen 2002).

Der Weg zum Autonomie-Paradigma fordert seitens der Fachwelt das Vertrauen in die Fähigkeiten des selbständigen Entscheidens und Handelns der Hauptpersonen und verlangt in diesem Zuge nach geeigneten Methoden, um die jedem Individuum innewohnenden Ur - Kräfte[10] zur Selbstentfaltung und –Verwirklichung zu aktivieren (vgl. Theunissen 2009).

Der Unterstützerkreis

Zugunsten einer personenzentrierten Prozessgestaltung wird dieser Weg über die eingangs „gezeichnete" Brücke, von der Berufswahl bis hin zur Berufseinmündung, gemeinsam, d.h. unter Beteiligung aller Akteure beschritten. Zu dem in der Literatur bezeichneten *Unterstützerkreis* gehören im Kern:

der zu integrierende Schulabgänger und seine Familie

(ein) Vertreter der Schule

der Integrationsfachdienst

sowie

der Rehabilitationsberater der Agentur für Arbeit

(vgl. Burtscher et. al. 2002).

Darüber hinaus können weitere Fachkräfte aus Wirtschaftsunternehmen (Berufsbildungswerken, Integrationsfirmen) an dem zu installierenden Gremium, der *Berufswegekonferenz*, teilhaben (vgl. ebenda). Mit der im Jahr 2004 geschlossenen Rahmenvereinbarung zwischen den Kultusministerien und der Bundesagentur für Arbeit sind auch alle weiteren dienstleistenden Partner im *Unterstützerkreis* zu verstärkten Anstrengungen hinsichtlich der Vermittlung junger Menschen mit besonderen Vermittlungshemmnissen aufgefordert und per Gesetz dazu verpflichtet worden (vgl. Der Lemken/Eckhardt 2008, zit. nach Kultusministerkonferenz 2004).

Damit dieser Vertrag zur Verwirklichung eines ganzheitlichen Profils an berufswahlorientierenden und vermittelnden Diensten beiträgt, sind vordergründig die Angebote der örtlich zuständigen Agentur für Arbeit und die Dienstleistungen der Integrationsfachdienste in die Konzeption der Schulen zu integrieren (vgl. ebenda).

---

[10] Ein Äquivalent hierzu bildet der Begriff der Selbstaktualisierung, den Carl Rogers im Rahmen des klientenzentrierten Ansatzes in der Zeit des Humanismus (19./20. Jhrd) prägte. Nach Rogers' entwickelt sich die Persönlichkeit durch die Freisetzung personeninhärenter Kräfte aus der wechselseitigen Beziehung mit dem sozialen Umfeld. vgl. Theunissen 2009, zit. nach Rogers 1974).

Unterstützung durch das Netz der Integrationsämter und Integrationsfachdienste

Die Integrationsämter [11] sind neben dem Rehabilitationsträger - Agentur für Arbeit - wichtige Träger im System der beruflichen Rehabilitation, deren Aufgaben und Zuständigkeiten in § 102 SGB IX geregelt sind. Gemäß diesem Gesetz begleiten sie Menschen mit Schwerbehinderungen und ihnen gleichgestellte Personen im Rahmen der Ersteingliederung und Wiedereingliederung in den regulären Arbeitsmarkt.

Darüber hinaus übernehmen sie Verantwortung für die Erhaltung von Arbeitsverhältnissen unter Anwendung der besonderen Kündigungsschutzvorschriften, bieten begleitende Hilfen am Arbeitsplatz an und koordinieren die Erhebung und Verwendung der Ausgleichsabgabe (vgl. www.zbfs.bayern.de, Zugriff am 09.12.2012, 17:30 MEZ). Während die finanziellen Aufgaben in ihrer Regie verbleiben, beauftragen die Ämter für die Beratungs-, Koordinierungs- und Vermittlungstätigkeiten gegenüber Arbeitnehmern und Arbeitgebern die ihnen institutionell angegliederten Integrationsfachdienste (vgl. ebenda). Als freie Träger (des Weiteren beauftragt durch die Agenturen für Arbeit) bekleiden diese - an der Schnittstelle *Schule – Arbeitswelt* gemäß § 110 SGB IX – folgende Ämter:

Öffentlichkeitsarbeit zur Aufklärung und Sensibilisierung der (Förder-) Schulen und der zu- integrierenden Schulabgänger durch Vorstellung des Leistungsprofils der Integrationsämter- und Fachdienste

Analyse und Bewertung des Leistungsstands der Schüler (durch teilnehmende Beobachtung im Unterricht und Auswertung der Praktika)

Einberufung und Leitung der Berufswegekonferenz/ Entwicklung und Fortschreibung eines Integrationsplans unter Beteiligung des *Unterstützerkreises*

Firmenakquise mit der Absicht der Anbahnung betrieblicher Praktika und nachschulischer Beschäftigungsverhältnisse

Individuelle **Beratung, Begleitung und Interessenvertretung** der Akteure Schüler und Arbeitgeber

(vgl. Burtscher et. al. 2002).

Um der hohen Zugangsquote in die alternativen Arbeitsmärkte oder sogar einem Übergang in die Beschäftigungslosigkeit entgegenzuwirken, ist eine passgenaue

---

[11] Die Umbenennung der Hauptfürsorgestellen in Integrationsämter erfolgte zum 01.07. 2001. Die Integrationsfachdienste etablierten sich innerhalb regionaler Modellprojekte und wurden im Zuge der Novellierung des Schwerbehindertengesetzes (SchwbG) im Jahr 2000 gesetzlich im neuen SGB IX (SGB IX, 2001) verankert (vgl. Doose 2005).

Besetzung der akquirierten Arbeitsstellen erforderlich. Für die Gruppe kognitiv benachteiligter Jugendlicher ist es entscheidend, dass sowohl das Beschäftigungsfeld als auch der Arbeitsplatz auf die speziellen Bedarfe und Bedürfnisse zugeschnitten ist. Daher ist der Potentialanalyse durch Schulpädagogen, Integrationsfachdienst, Reha-Beratung und Eltern eine besondere Sorgfalt geschuldet. Des Weiteren liegt hierbei die Verantwortung bei dem IFD, der die Interessen des Schülers gegenüber den Unternehmern vertreten soll. Im Besonderen ist eine vertraute Gesprächssituation anzubahnen, um ein Gesamtbild seiner persönlichen Eigenschaften zu präsentieren, mögliche Vorbehalte abzubauen und über Fördermöglichkeiten aufzuklären (vgl. Lemken/Eckhardt 2008).

<u>Unterstützung durch die Berufs- und Rehabilitationsberatung der Agentur für Arbeit</u>

Als zuständiger Rehabilitationsträger und zugleich finanzieller Leistungsträger halten die Arbeitsagenturen innerhalb der beruflichen Rehabilitation gemäß § 104 SGB IX unter anderem Leistungen der Beratung zu berufsvorbereitenden und berufsbildenden Möglichkeiten und im Speziellen Dienstleistungen der Rehabilitations-Abteilung für die Vermittlung in geeignete Bildungs- und Arbeitsstätten vor. Im Zusammenhang mit der Berufswahlorientierung stehen der Schülerschaft das öffentlich zugängliche mediale beratende Angebot der Berufsinformationszentren sowie die bildungsbegleitenden praxisorientierten Betriebserkundungen zur Verfügung (vgl. Weiand 2005).

Da das fokussierte Klientel einer weitaus umfassenderen Unterstützung in der Vermittlung bedarf, ist die Vorstellung in der Reha – Abteilung im 3. Halbjahr der Werkstufe ein verpflichtendes Angebot (vgl. ebenda). In Ergänzung zu den Dienstleistungen des IFD, wird die Eignung für mögliche Tätigkeitsfelder durch medizinische und psychologische Untersuchungen abgeklärt (vgl. ebenda). In diese Beurteilung fließen darüber hinaus die Leistungsbewertungen der Schule und der Praxisbetriebe sowie die Einschätzung durch den IFD ein, wodurch erst eine ganzheitliche Betrachtung der Situation des Jugendlichen ermöglicht wird. Aus der Vielschichtigkeit an Informationen zu seinem Gesundheitsstand, der psychosozialen Situation und den persönlichen Ressourcen, die fortlaufend in einem individuellen Integrationsplan dokumentiert werden, ist eine stabile „*Brücke*" in ein idealerweise unbefristetes Arbeitsverhältnis zu „*bauen*" (vgl. Niedermair 2006, zit. nach Schartmann 2000).

<u>Die Berufswegekonferenz</u>

Das Konzept der *Berufswegekonferenz*, das nach erfolgreicher Erprobung innerhalb von Modellprojekten in Baden-Württemberg in die Bildungsphase der Werkstufe weiterer Bundesländer (z. B. Brandenburg/ Berlin/Rheinland – Pfalz) implementiert wurde, bezeichnet ein *Netzwerkmodul*, woran alle Beteiligten des *Unterstützerkreises* partizipieren sollen (vgl. Hohn 2009). Deren regelmäßige Zusammenkunft bildet die Basis für eine verzahnte Kooperation, um den Hilfeprozess einzuleiten, netzwerkinterne wie auch sozialräumliche Ressourcen zu akquirieren und Prozessschritte aller Partner zu koordinieren. Als fest installierte Steuerungsinstanz bietet sie den Vorteil, rechtzeitig und zielgerichtet zu agieren, sobald sich Schwierigkeiten während des Ablaufes abzeichnen.

Der Verlauf der einzelfallbezogenen Hilfeplanung lehnt sich eng an die Struktur des *Case-Management* Prozesses an, der im Wesentlichen innerhalb der Jugendhilfeplanung (SGB VIII) durchgeführt wird. Die aus der klassischen Einzelfallarbeit hervorgegangene Methode der *Sozialen Arbeit* bezeichnet im Wortlaut eine komplexe Fallbearbeitung, die einer durchgängigen Beziehungs- und Koordinationsarbeit verschiedener Akteure bedarf und darauf abzielt, spezifische Hilfeleistungen, passend zur Problematik, zu entwickeln (vgl. Röh 2009, zit. nach Neuffer 2002).Rechtlich bezieht sich die Berufswegekonferenz auf das Kinder- und Jugendhilfegesetz und die dort verankerten Bestimmungen zur Ausführung der Hilfeplankonferenz, gemäß § 36 SGB VIII. Im Besonderen sind für die Behindertenhilfe, im Rahmen der Eingliederungshilfe, gemäß § 58 SGB XII, Forderungen an eine frühzeitige Aufnahme dieses Verfahrens postuliert.

Die Elternarbeit

Wenn ich im Eingang dieses Kapitels die systemischen Beziehungen bzw. die Interaktionsmuster und die Einflüsse der Erziehenden auf die Persönlichkeitsentwicklung tiefgreifender thematisiert habe, so geschah dies in dem Bewusstsein, diese Erziehungspartnerschaft im Prozess der Berufswahlorientierung erneut aufzugreifen.

Vor dem Hintergrund der rechtlichen Vorrangstellung der Eltern hinsichtlich der Verantwortung für die Pflege und Erziehung ihrer Kinder (vgl. Artikel 6 GG/ § 1 Absatz 2 SGB VIII), ist das System Familie in den gesamten Verlauf der Hilfeplanung einzubeziehen. Unter dem Leitprinzip des Empowerment wird diesem Adressatenkreis, über die Transparenz zum Verlauf der Berufswegeplanung hinaus, auch eine Steuerungsfunktion zuteil, die diesem erlaubt, Mitsprache zu halten und gegebenenfalls Kritik zu äußern (vgl. Schartmann 2000).

Die Zusammenarbeit mit den Eltern ist in zweifacher Hinsicht bedeutsam. In der Kenntnis, dass sie unmittelbar in die beruflichen Perspektiven ihrer Kinder involviert sind und ihnen daraus Herausforderungen, Ängste und Unsicherheiten erwachsen, ist ihnen durch eine sachgerechte Beratung und einen empathischen Umgang seitens der sozialen Dienstleister zu begegnen. Auf der anderen Seite sind Eltern durch ihre räumliche und emotionale Bindung als Experten wahrzunehmen, deren Wissen um die Eigenarten und Vorlieben in die Netzwerkarbeit zu integrieren und als Synergieeffekt zu werten ist (vgl. Schartmann 2000).

Von einer verdichteten Vernetzung und der Berücksichtigung relevanter lebensweltlicher Bezüge des Jugendlichen ist im Wesentlichen die Qualität der Hilfeplanung und damit die Einleitung personenzentrierter Methoden abhängig. Abschließend ist dahingehend die Bedeutung einer Erstintegration hervorzuheben, denn aus Evaluationen und Beobachtungen sozialer Dienste ging hervor, dass der Umweg über außerbetriebliche Maßnahmen in den WfbM sowohl Zeitverluste bewirken als auch schwieriger umkehrbar sind.

Zeugnis darüber legt die geringwertige Übergangsquote von 1 % der Werkstattbeschäftigten in das reguläre Beschäftigungssystem ab (vgl. Doose 2012).

Schulische und nachschulische Berufsvorbereitung

Die Möglichkeit einer vertieften praxisorientierten Berufswahlorientierung im Rahmen der Berufsvorbereitungsphase bekommen Jugendliche, deren berufliche Perspektiven und Eingliederungsmodalitäten einer weiteren Abklärung und Absicherung bedürfen. In Form einer **schulinternen Berufsvorbereitung** kann die 11 -monatige Maßnahme als Berufsgrundbildungsjahr (BGJ) oder Berufsvorbereitungsjahr (BVJ), wie es z. B. in Baden-Württemberg praktiziert wird, konzeptionell in den Rahmenlehrplan der Werkstufe eingebunden sein (vgl. Schier 2005).

Alternativ, dennoch nachrangig zu werten, ist die **nachschulische** (18-monatige) **Berufsvorbereitung** gemäß § 61 SGB III, die als eigenständige Bildungsphase im Berufsbildungsgesetz (§ 68) implementiert ist. Als zusätzliches Gelenk zwischen den Instanzen Schule und Arbeitswelt dienen arbeitsweltorientierende Methoden, wie die Abklärung der beruflichen Eignung durch Leistungsdiagnostik und dazugehöriger Praxisphasen, der Erweiterung des Berufswahlspektrums und der (in Abschnitt 3.3) benannten beruflichen Schlüsselkompetenzen (vgl. Lemken/Eckhardt 2008, zit. nach Bothmer 2004).

Vom Gesetzgeber ist eine durchgängige sozialpädagogische und psychosoziale Begleitung gefordert. Die durch den Kostenträger – die Bundesagentur für Arbeit – beauftragten Institutionen sind verantwortlich für die Durchführung der Trainingsmaßnahmen. Exemplarisch anzuführen sind Freie Träger der Jugendhilfe-Berufsbildungswerke (BBW) oder auch der Eingangs- und Berufsbildungsbereich der WfbM. Die vordergründig außerbetrieblich organisierte Berufsvorbereitung eignet sich für das Klientel geistig behinderter Jugendlicher, wenn mit hoher Wahrscheinlichkeit zu erwarten ist, dass sich die Ausbildungsreife beispielsweise auf die Teilnahme in einem Integrationsprojekt begünstigend auswirkt.

Da das Leistungsniveau bei einer geistigen Behinderung durch die Abstufung der Intelligenzgrade verschieden ausgeprägt ist, bedarf es einer dem Einzelfall angepassten Bewertung der Bildungsreife. Für das Klientel, dessen geistige Entwicklung im Grenzbereich zur Lernbehinderung angesiedelt ist, ist eine reha - spezifische Maßnahme (§ 51 SGB III) zur Ausbildungsförderung anzustreben.

Mit dem Anspruch an eine zielgruppen- und maßnahmenübergreifende Neugestaltung lösten sie 2004 das differenzierte System der traditionellen Förderlehrgänge ab (vgl. Doose 2012). Das Bundesministerium für Bildung und Forschung (BMBF) ermittelte im Berichtsjahr 2009 einen Zugang von 19.400 schwerbehinderten Teilnehmern, wobei die allgemeinen Berufsvorbereitungsmaßnahmen fortbestehen (vgl. bmbf.de, Zugriff am 05.10. 2012, 18:00 MEZ).

Berufliche Qualifizierung im Rahmen der Ersteingliederung

Um den Forderungen aus der Behindertenrechtskonvention an einen gleichberechtigten Zugang zum allgemeinen Bildungssystem zu entsprechen, ist ein breites Spektrum an berufsqualifizierenden und alternativen Förderinstrumenten im Rahmen der beruflichen Rehabilitation vorzuhalten. Diese sollen sich an der Vielfalt der Bedürfnisse und Charaktere ausrichten (vgl. www.un.org, Zugriff am 18.10. 2012, 18:30 MEZ).

Berufsausbildung im Dualen System

Im Rahmen des Kapitels „Menschen mit (geistigen) Behinderungen in der Arbeitsgesellschaft" wies ich gesondert auf die Bedeutung von Berufsabschlüssen im Hinblick auf die anschließenden Chancen auf eine Erwerbstätigkeit am ersten Arbeitsmarkt hin. Die Möglichkeiten auf den Erwerb einer staatlichen Anerkennung sollen auch jungen Absolventen mit einer geistigen Beeinträchtigung eingeräumt werden. Grundsätzlich haben sie lt. Berufsbildungsgesetz Anspruch auf eine Vollausbildung nach der regulären Ausbildungsordnung (§ 4 BBiG/ § 25 HwO).

Alternativ steht Menschen mit Behinderungen, die dem Volumen an theorie- und praxisbezogenen Anforderungen aufgrund von Art und Schwere ihrer Benachteiligung nicht entsprechen können, eine *theoriereduzierte Ausbildung* (§ 66 BBiG/ 42 m HwO) in einem Fachpraktiker-Beruf (z. B. Beikoch) zur Wahl. Beide

Ausbildungsformen erfolgen, nach den Richtlinien des dualen Systems, grundsätzlich an zwei Bildungsorten, dem Betrieb und der Berufsschule (vgl. Schier 2005). Unterschieden werden *betriebliche* und *außerbetriebliche* Formen. Ausgehend von den Fördergrundsätzen der BA, sind Regelausbildungen den behindertenspezifischen Angeboten stets Vorrang zu gewähren (vgl. Doose 2012).Direkt an den regulären Arbeitsmarkt angebunden sind die **Integrationsprojekte**, als rechtlich und wirtschaftlich selbständige Unternehmen, unternehmensinterne oder von öffentlichen Arbeitgebern geführte Betriebe (§ 71 Absatz 3 SGB IX) oder Fachabteilungen. Integrationsprojekte wurden Anfang der 1970er Jahre speziell für die berufliche Eingliederung psychisch kranker Menschen entwickelt. Mit dem Anspruch auf eine gelingende berufliche Rehabilitation adressieren sie im Sinne des § 132 SGB IX mittlerweile an den gesamten Personenkreis behinderter Menschen, deren Funktionsbeeinträchtigungen sich hemmend auf eine Vermittlung am allgemeinen Arbeitsmarkt auswirken. Damit bieten sie einen Zugang für Erstintegranden, wiedereinzugliedernde Personen und Beschäftigte im Übergang aus der WfbM (vgl. Lindmeier 2006). Integrationsunternehmen sind verpflichtet, mindestens 25 %, aber maximal 50 % Schwerbehinderte bzw. gleichgestellte Personen zu beschäftigen. Nach der Erhebung durch die Bundesarbeitsgemeinschaft der Integrationsfirmen im Jahr 2010 zeigt sich folgendes Bild in der Mitarbeiterstruktur: 50 % der Arbeitnehmer haben eine seelische-, 24 % eine körperliche-, **15 % eine geistige Behinderung.** Einen geringen Anteil von 8 % nehmen Personen mit Sinnesbeeinträchtigungen und 3 % mit einer Mehrfachbehinderung ein (Doose 2012, S. 125, zit. nach Schwendy/Senner 2005).

Um den vielfältigen Interessenlagen der Belegschaft kompetent begegnen zu können, stehen den Unternehmen Freiräume für eine flexible Arbeitszeitgestaltung und eine betriebseigene Organisation der Abläufe offen (vgl. Lindmeier 2006). Darüber hinaus soll die Anpassung an die individuell ausgeprägte Leistungsfähigkeit und Belastbarkeit durch eine qualifizierte arbeitstherapeutische und sozialpädagogische Begleitung flankiert werden (vgl. ebenda). In ihrem Status als sozialversicherte Arbeitnehmer partizipieren sie am tariflichen Entlohnungssystem, wodurch ihre Unabhängigkeit von staatlicher Unterstützung erwirkt werden soll.

Im Erhebungsjahr 2010 fungierten 634 Integrationsfirmen und Integrationsabteilungen mit einem Beschäftigungsstand von insgesamt 24.614 behinderten und schwerbehinderten Mitarbeitern (vgl. Doose 2012, zit. nach BIH 2011). Tätig sind Integrationsfirmen beispielsweise im Handel, Handwerk oder in der Gastronomie. Gemäß § 134 SGB IX wird die Finanzierung der Integrationsfirmen durch Einnahmen aus der Ausgleichsabgab, sowie aus Fördermitteln von Stiftungen und Projekten sichergestellt (vgl. Doose 2012, zit. nach Schwendy/Senner 2005). Diese Zuwendungen dienen einesteils dem Aufbau, der Instandhaltung und der bedarfsgerechten Ausgestaltung der Arbeitsplätze. Andererseits fungieren sie als Lohnkostenzuschüsse und sollen für ausbildungsbegleitende Weiterbildungen eingesetzt werden. Der Rechtsanspruch auf Bezuschussung der Projekte ist an die Bedingung geknüpft, mit Arbeitgebern aus der freien Wirtschaft zu kooperieren, um auf eine nahtlose Weiterbeschäftigung nach Beendigung der Ausbildung hinzusteuern. Obgleich Integrationsprojekte zugleich als Arbeitgeber im Rahmen der Berufstätigkeit anzusehen sind, bezweckt die anschließende Vermittlung die Ermöglichung der Aufnahme neuer Auszubildender (vgl. Lindmeier 2006).Eine Verbindung zwischen den Rechtskreisen der Arbeitsförderung (SGB III) und dem System der Rehabilitation (SGB IX) stellt die betriebliche Berufsausbildung mit rehaspezifischer Förderung dar. Durch eine engagierte Kooperation der freien oder gemeinnützig tätigen Bildungsträger mit regionalen Unternehmen sollen – dem Leitgedanken der Arbeitsförderung folgend – ambulante und wohnortnahe Bildungsangebote geschaffen werden (vgl. Doose 2012). Stellen sich betriebliche Organisationsformen unter den benannten Voraussetzungen als ungeeignet heraus, können Schulabgänger mit einem Status als Rehabilitanden in eine Rehabilitationseinrichtung im Sinne des § 35 SGB IV einmünden.

Vorrangig für die Erstqualifizierung sind die Berufsbildungswerke zuständig, in denen Berufsabschlüsse sowohl im Rahmen der dreijährigen Vollausbildung als auch durch Teilnahme an der zweijährigen theoriereduzierten Helferausbildung (= Fachpraktiker-Ausbildung) erworben werden können (vgl. Hohn 2009). Die Finanzierung einer berufsvorbereitenden oder -qualifizierenden Maßnahme durch die BA ist an die Bedingung einer bereits bestehenden oder einer mit hoher Wahrscheinlichkeit zu erwartenden Behinderung im Sinne des § 2 SGB IX/§ 19 Absatz 2 SGB III gebunden (vgl. Doose 2012, zit. nach Dings 2005).

Während in der Vergangenheit Bildungsangebote hauptsächlich außerbetrieblich organisiert waren, sind innerhalb von Modellprojekten Kooperationsformen im Sinne verzahnter Ausbildungen mit Betrieben (VAmB) entwickelt worden, die eine 12-monatige Betriebspraxis einschließen (vgl. ebenda).

Die in Deutschland agierenden 52 BBW mit einer Kapazität von ca. 15.000 Ausbildungsplätzen stehen gleichermaßen Jugendlichen mit umfangreichen Vermittlungsschwierigkeiten, z. B. infolge fehlender und minderwertiger Schulabschlüsse, und behinderungsspezifischen Bedarfen offen, wobei Absolventen aus Förderschulen, mit einer Quote von 40 % unterrepräsentiert sind (www.bmbf.de, Zugriff am 18.10.2012, 17:00 MEZ).

Charakteristisch ist eine komplexe Angebotsstruktur, bestehend aus den Lehrwerkstätten, den beruflichen Bildungsstätten, den angegliederten Wohnheimen und Freizeitstätten. Ebenso eingebunden sind die medizinisch-psychologischen und sozialen Dienste (vgl. Doose 2012). Um dem Grundsatz der BA zu entsprechen, soll der wohnortnahen Förderung (ambulant) Vorrang vor der Internatsunterbringung (stationär) gewährt werden (vgl. ebenda).

Den betrieblichen Ausbildungen ist im Rahmen dieser Fördergrundsätze ebenso Vorrang einzuräumen, da die BBW, als die aus dem allgemeinen Arbeitsmarkt ausgelagerten Reha-Einrichtungen, kein sozialversicherungspflichtiges Beschäftigungsverhältnis anbieten. Darüber hinaus bestehen trotz der Etablierung dieser betriebsnahen Ausbildungsform Benachteiligungen in der Vermittlung der Rehabilitanden in reguläre Arbeitsverhältnisse (vgl. ebenda).

Betriebliche Qualifizierung

Mit der vorangegangenen Erörterung belegte ich, dass die Zielgruppe mit kognitiven Beeinträchtigungen in den vordergründig zu gewährenden berufsvorbereitenden und berufsbildenden Maßnahmen zahlenmäßig unterrepräsentiert ist. Dies lässt sich auf ihre geringe Anpassungsfähigkeit an die Anforderungen einer dual organisierten Berufsausausbildung zurückführen, die auf dem Zwei-Schritt-Prinzip *„Erst qualifizieren, dann platzieren"* beruht.

Da der überwiegende Teil der geistig behinderten Menschen nachweislich nicht in der Lage ist, den Transfer der Lehrinhalte aus der Berufsschule auf die Aufgabenfelder in der Praxis zu übertragen, muss dieser traditionell vollzogene Zwei-Schritt umgekehrt in *„Erst platzieren, dann qualifizieren"* umgewandelt werden. Demnach soll primär die Platzierung in einem Betrieb angestrebt werden.

Um eine Lernsituation zu erzeugen, die dem individuell definierten kognitiven Vermögen angepasst ist, soll die Qualifizierung in Anlehnung an das Konzept der Förderschule in konkreten Handlungsvollzügen, d. h. in realitätsnahen, lebensweltlichen Zusammenhängen geschehen. Unter der Leitidee der Inklusion, eine inklusive Arbeitsgemeinschaft zu verwirklichen, sind die Zugänge zum allgemeinen Arbeitsmarkt für alle Menschen unabhängig von ihren Voraussetzungen zu fördern und barrierefrei zu gestalten.

Unter der Maxime von *Selbstbestimmung und Wahlfreiheit* (vgl. Artikel 27 der UN-Konvention), wurde Anfang der 1980er Jahre in den USA ein Konzept zur gleichberechtigten Teilhabe behinderter und nicht-behinderter Menschen an einem gemeinsamen Arbeitsmarkt entworfen. Unter dem Originaltitel **Supported Employment** wurde eine *ambulante Organisationsform* im Rahmen der beruflichen

Rehabilitation geschaffen, die allen Menschen mit Beeinträchtigungen, unabhängig des Grades ihrer Behinderung, das **Recht auf eine berufliche Bildung und eine langfristige sozialversicherte Erwerbstätigkeit** zusichert.

Ausgehend von der zentralen Zielstellung von *Rehabilitation und Teilhabe*, Dienstleistungen in der Behindertenhilfe in ambulante Strukturen einzubetten, ist hierbei eine parallele Entwicklung zu dem Ausbau ambulanter, gemeindeintegrierter Wohnformen zu sehen *(Supported Living)*. Um den Verbleib innerhalb vertrauter sozialer Netzwerke zu gewährleisten, sind vorrangig **Arbeitsplätze in Wohnortnähe** zu organisieren. Beiden Ansätzen gemein sind ihre Wurzeln, die *Normalisierung* von Lebensbedingungen in Ausrichtung auf die persönlichen Bedürfnisse (vgl. Theunissen 2002).

Ein weiteres Kernelement der *Unterstützten Beschäftigung (UB) (Deutscher Titel)*, die seit 1994 Jahre modellhaft in Deutschland erprobt wird, ist die **individuelle Begleitung** am Arbeitsort durch **betriebsinterne Mentoren** und **betriebsexterne Job Coaches** (vgl. Theunissen 2009).

Grundlegend ist zwischen dem *Konzept und der Maßnahme UB* zu unterscheiden, die Ende des Jahres 2008 nach erfolgreichen Modellversuchen in das deutsche Rehabilitationssystem integriert wurde. Als anerkannte Rehabilitationsmaßnahme gemäß § 38a SGB IX beinhaltet sie die oben beschriebenen charakteristischen Elemente.Im Unterschied zum Originalkonzept ist die Zielgruppe deutlich eingegrenzt. Explizit ist sie an Menschen mit Benachteiligungen gerichtet, deren geistige oder persönlichkeitsspezifischen Kompetenzen einerseits nicht genügen, um über den Weg eines berufsqualifizierenden Abschlusses in ein reguläres Arbeitsverhältnis einzumünden, deren Potentiale andererseits jedoch ausreichen, um eine regelmäßige Beschäftigung am allgemeinen Arbeitsmarkt mit dem Einsatz *personenzentrierter Förderinstrumente* auszuüben.

Im Besonderen wird die Aufmerksamkeit auf die Personengruppe im Spektrum zwischen einer Lernbehinderung und einer geistigen Behinderung gelenkt. Ebenso können auch seelisch behinderte und verhaltensauffällige Personen profitieren (vgl. Doose 2012). Ausgeklammert wird jedoch die Zielgruppe, die nach § 136 SGB IX als *werkstattbedürftig* eingestuft wird. Gemeint sind Personen, die nicht, noch nicht oder noch nicht wieder in reguläre Beschäftigungsverhältnisse zu integrieren sind.

Nach § 136 Absatz 1 SGB IX ist dieses Klientel im Kontext des Berufsbildungsbereiches der WfbM durch Trainingsmaßnahmen gezielt auf eine Erwerbstätigkeit am Arbeitsmarkt vorzubereiten. Diese Verantwortung obliegt den dort tätigen Sozialen Diensten, die dazu intensive Integrationsbemühungen nachzuweisen haben (vgl. Biermann 2008). Vorteilhaft wirkt sich für werkstattzugehörige Teilnehmer das 2001 seitens der Hamburger Arbeitsassistenz entwickelte Modell des *Betrieblichen Berufsbildungsbereiches*[12] aus, wodurch ihnen ermöglicht wird, die zweijährige Qualifizierung im Rahmen eines betrieblichen Praktikums zu absolvieren (vgl. Ciolek 2006).

Eine weitere Besonderheit der Maßnahme *Unterstützte Beschäftigung* besteht darin, dass die Organisation der Maßnahme über eine offizielle Ausschreibung durch eine der BA übergeordneten Instanz – *Regionalen Einkaufszentren* – erfolgt. Über ein Vergabeverfahren wird vordergründig *nach ökonomischen Kriterien* entschieden, welcher soziale Dienst als Träger eingesetzt wird (vgl. Hohn 2009).

Die Maßnahme *UB* umfasst zwei aufeinanderfolgende Phasen, die *Individuelle betriebliche Qualifizierung (InbeQ)* und die daran anschließende *Berufsbegleitung*. Die InbeQ entspricht mit einem Umfang von 24 bis zu 36 Monaten einem Training arbeitsplatzspezifischer Fertigkeiten. Strukturiert ist diese Periode durch das in der *Einstiegsphase* zu erstellende Fähigkeitsprofil, auf dessen Grundlage ein individuelles Stellenprofil entwickelt wird. Dem Inklusionsgedanken folgend sollen Handlungsfelder ge(er)funden werden, die der Persönlichkeit des Arbeitnehmers anzupassen sind (vgl. Theunissen 2009). Dabei handelt es sich um standardisierte, einfach strukturierte Tätigkeiten, die Nischen im Betriebsalltag ausfüllen können, wie z. B. Botengänge und die Bearbeitung der Post (vgl. Doose 2012).

Durch die Teilnahme an betriebsübergreifenden Praktika innerhalb der *Qualifizierungsphase* sollen Handlungskompetenzen erkundet bzw. erweitert werden, um daraus ein mehrschichtiges Tätigkeitsfeld zu erschließen. Die *Stabilisierungsphase* dient der konkreten Vorbereitung auf das anschließende sozialversicherte Beschäftigungsverhältnis (vgl. Doose 2012). Nach Beendigung der *InbeQ* bzw. mit dem Übergang aus der *Qualifizierungsphase* in eine angestrebte dauerhafte Beschäftigung (Berufsbegleitung), geht die rechtliche Zuständigkeit von der BA auf die Integrationsämter über (vgl. Doose 2012).

Nach Angaben der BA wurden seit der gesetzlichen Einführung im Jahr 2008, im Zeitraum Oktober 2009 bis Oktober 2010, insgesamt ca. 3.620 Teilnehmer[13]

---

[12] Ehemaliger Name: Ambulantes Arbeitstraining. Der Maßnahme liegt das Konzept der „*Unterstützten Beschäftigung*" zugrunde (vgl. Ciolek 2006).
[13] Aufgrund der länderspezifischen Schulstatistiken ist die Herkunft der Teilnehmer nur bedingt zu ermitteln. Dies ist damit zu erklären, dass behinderte/benachteiligte Schüler mit dem Verlassen der Schule den Status des Schwerbehinderten oder Rehabilitanden annehmen, wodurch die Schulform nicht ermittelt werden kann.

Die Herkunft der Teilnehmer lässt sich nur über die der Maßnahme vorgelagerten biografische Station ermitteln (vgl. www.bmbf.de, Zugriff am 25.10.2012, 18:00 MEZ).

platziert, davon 3.300 Zugänge in der InbeQ. Aus einer Mitgliederbefragung der „Bundesarbeitsgemeinschaft für Unterstützte Beschäftigung" (BAG UB)[14] ging hervor, dass die Teilnehmerstruktur zu 74,1% durch Menschen mit Lernschwierigkeiten geprägt ist. Des Weiteren partizipieren psychisch Erkrankte mit einem Anteil von 12,3%, ähnlich dem Klientel mit Körper- und Sinnesbehinderungen (12,3 %). Den Vermittlungsdaten ist weiterhin zu entnehmen, dass das Alter der Teilnehmer einen dominanten Stellenwert einnimmt. Ermittelt wurde ein Wert von 72,2 % aus der Gruppe der 22- bis 24-Jährigen.

Hinsichtlich ihrer biografischen Herkunft ist anzumerken, dass die Gruppe der Schulentlassenen lediglich einen geringen prozentualen Anteil von 14,3% einnimmt, während 48, 6 % der Arbeitslosigkeit entstammen und 16,3% über den Umweg einer Berufsvorbereitung in die Maßnahme integriert wurden (vgl. www.bmbf.de, Zugriff am 25.10.2012, 18:00 MEZ).

Anhand der analysierten Organisations- und Teilnehmerstruktur der vorangestellten Ausbildungs- und Qualifizierungsmethoden ist offensichtlich geworden, dass für das untersuchte Klientel die Vermittlung in die UB vergleichsweise dominiert (vgl. ebenda). Zu erklären ist dies mittels der Betreuungsstruktur. Im Vergleich zur angewandten Gruppenbegleitung in den Integrationsprojekten sowie in den BBW steht bei der UB die individuelle, zeitlich konzentrierte personelle Hilfe am Arbeitsplatz im Zentrum, die zusätzlich eine (sozial-)pädagogische Funktion innehat. Aufgrund dieser gleichzeitig quantitativ und qualitativ wirkenden Begleitung kann diese Maßnahme für schwer- und schwerstgeistig behinderte Menschen bzw. psychisch erkrankte Personen als eine Alternative zur WfbM in Betracht gezogen werden (vgl. Doose 2012).

Im Ergebnis ist festzuhalten, dass für den prozentual überwiegenden Anteil geistig behinderter Personen die Integration in Unternehmen der freien Wirtschaft an die Bedingung einer intensiven arbeitsbegleitenden und psychosozialen Betreuung gebunden ist. Unter diesem Aspekt sind im Folgenden Förderinstrumente zu untersuchen, die sich begünstigend auf die Begründung und das Fortbestehen eines Ausbildungsverhältnisses auswirken. Zielführend auf die Einmündung in ein

---

[14] Die BAG UB ist ein bundesweiter Zusammenschluss von Integrationsfachdiensten, Schulen und Einrichtungen zur Teilhabe am Arbeitsleben in Kooperation mit Elternvereinigungen und Selbstvertretungsgruppen behinderter Menschen. Sie profiliert sich in der Weiterentwicklung ambulanter, betrieblicher Modelle zur beruflichen Integration behinderter und sozial benachteiligter Personengruppen (vgl. Doose 2012).

dauerhaftes Arbeitsverhältnis soll ein Ausblick auf weiterführende flankierende Hilfen gegeben werden.

Zu unterscheiden ist zwischen den **Arbeitgeber- und Arbeitnehmer-orientierten Förderinstrumenten.** Vor dem Hintergrund der gesetzlichen Zuständigkeit der BA und des Integrationsamtes im Vermittlungsprozess sind Unterstützungsleistungen sowohl aus der Arbeitsförderung[15] (SGB III) als auch aus dem Rehabilitationsgesetz nach dem § 110 SGB IX zu erwirken.

Arbeitsmarktpolitische Instrumente im Rahmen zur Eingliederung

Arbeitgeberorientierte Förderinstrumente

Um die berufliche Teilhabe vermittlungsbenachteiligter Schulabsolventen zu verwirklichen, bestehen gemäß §§ 219 ff SGB III Ansprüche auf **Eingliederungszuschüsse**, die dem Ausgleich von Minderleistungen dienen sollen. Darüber hinaus erhalten Arbeitgeber für die Ausbildung behinderter und schwerbehinderter Personen nach §§ 235 ff SGB III **Zuschüsse zur Ausbildungsvergütung** in Höhe von bis zu 80 % des Ausbildungsentgeltes, wenn das Ausbildungsziel durch andere Maßnahmen nicht erreichbar ist. Zu den ausbildungsbegleitenden langfristigen finanziellen Zuwendungen werden gemäß § 237 SGB III/§ 71 SGB IX einmalig **Arbeitshilfen**[16] gewährt, um Ausbildungs- und Arbeitsplätze mit behindertengerechtem Mobiliar oder technischen Hilfsmitteln auszustatten. Um eine Weiterbeschäftigung zu begünstigen, können darüber hinaus die Kosten für eine dreimonatige **Probebeschäftigung** (§ 238 SGB III) übernommen werden (vgl.www.bmbf.de, Zugriff am 01.11.2012, 15:00 MEZ). Aus der Jahresstatistik der BA (2009) geht hervor, dass das Förderinstrumentarium einen entscheidenden Einfluss auf den Zugang in Ausbildung und Beschäftigung (ca. 10.000 Jugendliche) ausübt (vgl. ebenda). Im Zusammenhang mit der UB stehen die **Integrationsämter** mit dem Übergang in die zweite Phase: *Berufsbegleitung* vorrangig in der rechtlichen Verantwortung (vgl. Schröder 2009).

Über einen Zeitraum von bis zu drei Jahren leisten sie *begleitende Hilfen* gemäß § 110 SGB IX. Besonders hervorzuheben sind dabei die Beratung und Aufklärung der Arbeitgeber über Leistungsansprüche sowie deren Unterstützung im Umgang mit dem behinderten Arbeitnehmer (z. B. pädagogische Anleitung/allgemeine

---

[15] Zu verweisen ist auf die behindertenspezifischen bzw. die „*Besonderen Leistungen*" zur gleichwertigen Teilhabe am Arbeitsleben.
[16] Diese Investitionszuschüsse setzen die Erfüllung der Beschäftigungspflicht (§ 71 SGB IX) voraus (vgl. Schröder 2009).

Gesprächsführung/ Mediation), wodurch eine nachhaltige und qualitative Integration in die Unternehmenskultur unterstützt werden soll (vgl. Doose 2012).

Arbeitnehmerorientierte Förderinstrumente

Schwerpunkte der *besonderen Leistungen* des SGB III liegen in der Förderung von Ausbildung, Weiterbildung und Umschulung. Gemäß §103 SGB III sollen diese Kernziele durch die Gewährung von **Ausbildungsgeld, Übergangsgeld** und die Übernahme von **Teilnahmekosten** für berufsvorbereitende und berufsbildende **Maßnahmen** flankiert werden. In Verbindung mit den **Leistungen zur Teilhabe am Arbeitsleben aus dem SGB IX** gemäß § 33 SGB IX (vgl. Abschnitt 3.2) können ergänzend medizinische, psychologische oder mobilitätsfördernde Hilfen erbracht werden (vgl. Schröder 2009). Neben den finanziellen und sachlichen Mitteln besteht der Rechtsanspruch auf eine arbeitsbegleitende **personale Unterstützung**[17]. Im Rahmen der Einarbeitungszeit von sechs Monaten leistet der Job Coach[18] eine intensive arbeitspädagogische und psychosoziale Begleitung, dessen Kernfunktionen auf eine größtmögliche Selbständigkeit im Arbeitsprozess, eine ganzheitliche Persönlichkeitsentwicklung sowie auf die Einbindung in das Kollegium und betriebsinterne Gremien abzielen (vgl, Doose 2012).

Mit dem Einstieg in ein Beschäftigungsverhältnis kann die personale Begleitung durch persönliche Assistenten (*Arbeitsassistenz*) geleistet werden. Im Unterschied zum Job Coaching handelt es sich um eine langfristige Unterstützung, die aus Mitteln der Ausgleichsabgabe finanziert wird. Das Aufgabenprofil ist charakterisiert durch Handreichungen, Begleitung und Kommunikationshilfen, deren Regie in der Verantwortung des Arbeitnehmers liegt. Anspruchsberechtigt sind die zu Fördernden unter der Bedingung, dass der Kern der Aufgaben selbstständig bewältigt wird. Aufgrund dessen ist die Eignung einer Arbeitsassistenz für den Kreis der kognitiv behinderten Personen eingeschränkt, da sie einer kontinuierlichen und umfassenden Begleitung im Arbeitsprozess bedürfen, die fortwährend durch den Job Coach bzw. den IFD geleistet werden müsste. Obgleich per Gesetz alle Zielgruppen anspruchsberechtigt sind, wird dieses Angebot hauptsächlich von Personen mit Körper- und Sinnesbehinderungen wahrgenommen, woran deutlich wird, dass das Aufgabenprofil vordergründig auf ihre Bedarfe abgestimmt ist (vgl. Blesinger 2005).

---

[17] in Kooperation mit dem Maßnahmeträger (z.B. IFD)
[18] Das Job Coaching, das konzeptionell mit der „InbeQ" der UB verzahnt ist, ist eine *„methodisch fundierte, personen- und betriebszentrierte Unterstützungsstrategie"* (Doose 2012, S. 162). Zu den Kernaufgaben zählen die Anleitung, Organisation und Ergebniskontrolle der Aufgaben sowie die Erweiterung der Schlüsselkompetenzen. Bedeutend sind die Koordinierungs- und die Vermittlungsfunktion zwischen der Betriebswelt und dem Arbeitnehmer.

Die erörterten Teilhabeleistungen können traditionell als Sachleistung ausgeführt werden oder als Geldbetrag in Form eines *Persönlichen Budget (PB)* unmittelbar an den Leistungsempfänger ausgezahlt werden. Durch die Einführung des *PB* (2008) sollte das Wunsch- und Wahlrecht (§ 9 SGB IX) hervorgehoben werden, woraufhin Anspruchsberechtigte selbstbestimmt über die Art der Dienstleistungen und den Ort der Leistungserbringung entscheiden sollen (vgl. Schüller/Wansing/Schäfers 2005).

Durch die Beschreibung der Förderinstrumente wurde ersichtlich, dass deren Verfügbarkeit und Gewährung in einem unmittelbaren Kausalzusammenhang mit der Integration in Ausbildung und Arbeit stehen, weil die Teilhabe erst durch eine bedarfsgerechte Unterstützungsleistung verwirklicht werden kann.

Mit diesem Thema soll die Theorie abschließen. Beantwortet werden kann die Forschungsfrage zu den *„Teilhabechancen und -barrieren Jugendlicher im Übergang von der Schule in die Arbeitswelt"* an dieser Stelle nur bedingt, da durch den Theorieabriss lediglich ein Spektrum an Möglichkeiten zur Förderung der Eingliederung abgebildet werden konnte. Von größerer Bedeutung sind daher Erfahrungswerte aus dem abgesteckten Forschungsfeld, um Aussagen zum Gelingen angewandter Praktiken treffen zu können. Zielführend nahm ich Kontakt zu einer Brandenburger Förderschule auf, um mich dort intensiv mit der Organisation von Begleitung, Beratung und Vermittlung auseinanderzusetzen. Diese Untersuchung ist Gegenstand des anschließenden Kapitels.

Empirische Sozialforschung an der Schule mit dem Förderschwerpunkt *Geistige Entwicklung*

Die im dritten Kapitel vorgestellten Methoden der *„Beruflichen Orientierung und Integrationsförderung"* an der Schnittstelle Schule – Arbeitswelt bilden den Kern der anschließenden Untersuchung. Damit qualitative Aussagen zu den Dienstleistungen im Rahmen der Berufswegeplanung getroffen werden können, sollen Methoden aus der *Empirischen Sozialforschung* zum Einsatz kommen. Zu dem Instrumentarium, dessen sich die Empirische Sozialforschung bedient, gehören beispielsweise die Beobachtung, das Experiment oder auch das Interview, wodurch Geschehnisse im sozialen Feld zu beschreiben wie auch zu erklären sind. Die dabei gewonnenen Erkenntnisse sollen Sozialwissenschaftler zur Erweiterung entwickelter Theorien nutzen. Zu differenzieren ist zwischen der qualitativen und der quantitativen Forschung. Während die qualitative Empirik grundsätzlich nach Erklärungen für menschliches Verhalten sucht, operiert die quantitative Empirik mit statistisch berechneten Mengen und Zahlen. Wohl aber bedienen sich Wissenschaftler – um aussagekräftige Untersuchungsergebnisse gewinnen zu können – der Methoden aus beiden Forschungszweigen, sodass das Postulat der Unabhängigkeit damit aufgehoben wird. Maßgebend für jede Untersuchung ist die Beachtung der Gütekriterien, wodurch die Ergebnisse für valide, reliabel und objektivierbar erklärt werden (vgl. Gläser/Laudel 2006).

Methode der Datenerhebung – Experteninterview

Zur Erhebung qualitativer Daten werden Experteninterviews angewandt. Experteninterviews sind eine Methode, um Spezialwissen über Sachverhalte aus sozialen Kontexten zu gewinnen. Mittels Befragung sachkundiger Personen, sogenannten Experten[19] eines Forschungsgebietes, können Situationen im sozialen Feld rekonstruiert und Ursache – Wirkungszusammenhänge erschlossen werden (vgl. ebenda). Da sich der Kenntnisstand im anvisierten Forschungsfeld, Schule mit dem Förderschwerpunkt *Geistige Entwicklung*, auf die Theorie beschränkt, bezwecken die Interviews eine Herstellung praktischer Bezüge. Die im Speziellen zu beleuchtenden Strategien für den Übergang in den ersten Arbeitsmarkt orientieren sich an folgender, an die Bachelorthesis angelehnter Leitfrage:

---

[19] Experten sind alle Personen, die über Spezialwissen eines bestimmten Sachgebietes verfügen. Dazu zählen sowohl Wissenschaftler, als auch „wissenschaftliche Laien" (vgl. Gläser/Laudel 2006).

„Eröffnen sich für das Klientel Jugendlicher mit geistigen Behinderungen aufgrund der Vielfalt an Kompetenzen und Ressourcen der Netzwerkpartner (BA/IFD) in der Beratung und Vermittlung, neue Wege der Eingliederung in die Unternehmen der freien Wirtschaft?"

Zu deren Beantwortung wurde ein Leitfaden mit offenen Fragen entwickelt, mit Hilfe dessen der Gesprächsverlauf strukturiert werden soll. Um dennoch eine flüssige Unterhaltung zu ermöglichen, wurde ein halbstandardisiertes Verfahren angewandt, wodurch erlaubt ist sowohl die Reihenfolge der Fragen abzuändern als auch rückkoppelnde Fragen zu stellen (vgl. Gläser/Laudel 2006).

Setting

Die Befragungen richteten sich an die Beteiligten im *Unterstützerkreis*, da dieses Netzwerk meinen Erkundungen zufolge eine Schlüsselfunktion in der Phase der Einmündung in die Arbeitswelt innehat. Zur Befragung stellten sich die seit Februar 2011 amtierende Direktorin der Förderschule (Sonderpädagogin) sowie ein Vertreter (Sozialpädagoge) des IFD zur Verfügung, die als Partner im bundesweit erprobten Modellprojekt *Initiative Inklusion* kooperieren. Das zur intensiven Förderung der Berufswahlorientierung[20] schwerbehinderter Jugendlicher im Übergang Schule – Arbeitswelt initiierte Programm unter der Regie des BMAS zielt auf die Erweiterung betrieblicher Ausbildungsplätze, die in Zusammenarbeit mit den Kammern (z. B. IHK/HwO) innerhalb der nächsten zwei Jahre geschaffen werden sollen. Mit der Bereitstellung bedarfsorientierter Bildungsangebote bzw. der Organisation individuenzentrierter Arbeitsplätze wird beabsichtigt, den Automatismus des eingleisigen Weges in die WfbM aufzubrechen (vgl. www.bmas.de, Zugriff am 14.11.2012, 20:05 MEZ).

Die Interviews wurden in den Personalräumen der Havelschule in Brandenburg in einem Zeitrahmen von jeweils ca. 45 Minuten geführt. Da ein gemeinsames Gespräch mit beiden Interviewpartnern aus technischen Gründen nicht zu realisieren war, fanden die Interviews zu unterschiedlichen Terminen statt. Den Ausgangspunkt dabei bildete die im zweiten Kapitel thematisierte Richtlinie der *UN – BRK*, die als Norm einer inklusiven Arbeitswelt (vgl. Artikel 27) Beachtung finden soll. Daher sind die von mir untersuchten gegenwärtig angewandten Praktiken daraufhin zu

---

[20] Über den Ausgleichsfonds werden insgesamt 55 Mio. Euro für die Berufsorientierung und Akquise regulärer Ausbildungsplätze bereitgestellt (vgl. www.bmas.de, Zugriff am 14.11.2012, 20:05 MEZ).

überprüfen, in wieweit diese mit denen in der *UN – BRK* formulierten Richtlinien konform gehen.

Bezüglich des Untersuchungsfeldes ist darauf hinzuweisen, dass die erzielten Ergebnisse auf den Aktionsrahmen der Havelschule begrenzt sind.

Darstellung der Ergebnisse

Die gewonnenen Daten wurden mit Hilfe eines Diktiergerätes gesichert und anschließend wortwörtlich, d. h. unter Ausschluss paraverbaler Sprachsequenzen, transkribiert. Trotz des explorativen Untersuchungsdesigns wurden themenungebundene Informationen aus dem Datenmaterial entfernt, um die Konzentration auf die Beantwortung der Untersuchungsfrage zu lenken. Unter Anwendung der *qualitativen Inhaltsanalyse* von Mayring wurden die Rohdaten anschließend zu Aussagen verdichtet und vier Kategorien zugeordnet (vgl. Gläser/Laudel 2006). Festgelegt wurden diese anhand der für den Prozess der Berufswegeplanung charakteristischen Dienstleistungen. Deren Qualität soll mit Hilfe der von der BAG UB entworfenen Qualitätskriterien[21] beurteilt werden, welche maßgebend für eine erfolgreiche Integration sind (vgl. Frölich/Bungart o. J.). Aufgrund der Verzahnung der Dienste innerhalb des Netzwerkes kann eine zusammenhängende Auswertung der Interviews erfolgen:

Methodik der „Beruflichen Orientierung und Integrationsförderung"

Ausschlaggebend für *einen nahtlosen* Übergang *in den betrieblichen* Kontext ist die Bereitstellung *zielgebundener* berufsorientierender Angebote.

Im Hinblick auf die mit dem Arbeitsalltag verbundenen Anforderungen, so bekräftigt Frau B., sei der Persönlichkeitsentwicklung im Kontext von personen- und sachbezogenen sowie psychosozialen Fähigkeiten (Schlüsselkompetenzen) eine langfristige Vorbereitung einzuräumen. Der Erweiterung lebensweltbezogener Handlungskompetenzen dienen die alltagsbezogenen, ganzheitlich fördernden Lernsituationen aus den schulinternen Praxisfeldern einerseits und aus der Projektarbeit an Partnerschulen bzw. der Mitwirkung an regionalen Veranstaltungen andererseits. Für die Berufsfindung ausschlaggebend sei vordergründig ein Raum zum „freien Experiment", in dem sich die Schüler verwirklichen können, um Neigungen für die verschiedenen Arbeitsfelder zu entwickeln. Ausschließlich durch

---

[21] Diese werden *im Kursiv* gekennzeichnet.

das Sammeln von Erfahrungen und deren Austausch in der Gruppe forme sich das Bewusstsein eigener Stärken und Grenzen – wie Frau B bestätigt:

„Wir wollen unseren Schülern Gelegenheit zum regen Erfahrungsaustausch mit nicht – behinderten Menschen bieten, damit sie in „ihre" Welt hineinwachsen können...." (Experteninterview I)

„Durch den Zugang zu verschiedenen Praxisfeldern,... Tischlerei, der Textilwerkstatt oder der Cafeteria vermitteln wir erste Eindrücke und gewähren Freiräume... Dieser Raum zum „freien Experiment" soll unsere Schüler in ihrer Berufswahlkompetenz stärken." (Experteninterview I)

Bei Frau B. und Herrn Z. besteht Konsens darüber, dass Betriebserkundungen und Erprobungs- bzw. Belastungspraktika Erfolgsträger einer Eingliederung in den allgemeinen Arbeitsmarkt darstellen, da Arbeitgeber dadurch frühzeitig und ohne (finanzielle/materielle)Verpflichtungen für den Umgang mit behindertenspezifischen Bedarfen sensibilisiert werden. Im Findungsprozess eines der Persönlichkeit angepassten Berufsbildes wird das *„bEO" („berufliche Erfahrung und Orientierung")* Material der Hamburger Arbeitsassistenz hinzugezogen, welches zur Identifikation mit dem zukünftigen Arbeitsfeld beitragen soll. Einen besonderen Stellenwert nimmt das Programm des Projektes „bEO" bei der Auswertung und Reflexion der Praktika ein (vgl. www.hamburger-arbeitsassistenz.de, Zugriff am 30.11.2012, 18:00 MEZ).

Begleitung/Beratung

Kernaspekt beratender und begleitender Dienste ist ein an den Wünschen und Bedürfnissen der Adressaten orientiertes Handeln.

Als prozessstrukturierende Dienstleistungen stehen sie den Hauptakteuren, d. h. dem zu integrierenden Schüler bzw. dessen Angehörigen einerseits und den potentiellen Arbeitgebern andererseits offen. Eine verantwortungsvolle Aufgabe des IFD im Übergangsprozess, so bestätigte mir Herr Z., bestehe darin, beiden Interessengruppen viel Sensibilität und Verständnis für ihre Belange entgegenzubringen, um deren Vorstellungen und Erwartungen im Moment der Vermittlung miteinander vereinbaren zu können. Den Erfahrungen von Frau B. zufolge stehe die Aufklärung über das Behinderungsbild und dessen Besonderheiten im Vordergrund. Gleichzeitig seien Ängste bezüglich einer des Öfteren erwarteten Beeinträchtigung des Wirtschaftsprozesses abzubauen, die infolge der notwendigen intensiven Begleitung befürchtet werden.

„Wenige signalisierten von vornherein Abneigung. Im Vordergrund stehen eher Berührungsängste oder Befürchtungen, dass die Arbeit durch den zusätzlichen Aufwand an Betreuung nicht bewältigt werden kann." (Experteninterview I)

Um diesen Haltungen mit Ernsthaftigkeit zu begegnen, ist der Potentialanalyse, mittels derer die Eignung für die Teilhabe am Arbeitsmarkt abzuklären ist, eine besondere Sorgfalt zuzuweisen. Darüber hinaus erwarten Betriebe eine kontinuierliche Betreuung des Praktikanten bzw. Auszubildenden. Um eine beständige Kooperation zu Arbeitgebern im Umkreis zu fördern, schlägt Frau B. vor, institutionsübergreifende Projekte durchzuführen.

Vermittlung

Hinzuwirken ist – im Sinne des Brückenbaus „Schule – Arbeitswelt" – auf einen *nahtlosen* Übergang in ein betriebliches Ausbildungs- und Arbeitsverhältnis. Anzustreben ist diese Perspektive durch die Bestimmung eines den Wünschen und Neigungen *angepassten* Arbeitsfeldes. Vor dem Hintergrund des zu fördernden Wahlrechts soll der gesamte *Bedarf* an Arbeitsstellen am ersten Arbeitsmarkt ge*deckt* werden.

Den Erfahrungen des IFD zufolge gehe der *nahtlosen* Vermittlung eine stetige Akquise von Unternehmungen voraus. Die für den Ausbau eines stabilen Netzwerkes notwendige Kundenpflege, so bestätigte Herr Z., präge das Fundament für den Aufbau langfristiger Verbindungen zwischen dem Arbeitgeber und dem Schüler. Flankiert durch die sozialen Dienste des IFD (z. B. Aufklärung/Interessenvertretung) sollen über den Weg von Praktika an die Schulzeit anknüpfende Arbeitsverhältnisse begründet werden. Um Arbeitgeber für die Beschäftigung geistig behinderter Schüler zu sensibilisieren und zu motivieren, sei es ebenso bedeutend, ihre Beziehungen zu dieser Thematik zu erfragen:

> „Häufig gibt's da auch Anknüpfungspunkte in der Verwandtschaft... evtl. Erfahrungen mit behinderten Menschen.... Wenn sie einen Bezug zu dieser Problematik haben, erleichtert es uns den Weg, die „Tür ihres Betriebes zu öffnen"...oftmals hilft uns dieser Weg, einen „Grundstein" für einen langfristigen Verbleib zu legen." (Experteninterview II)

Zur Erweiterung des Kreises arbeitsfördernder Unterstützer erachtet es der IFD für vorteilhaft im Setting der Berufswegekonferenz die persönlichen Netzwerke aller Beteiligten des *Unterstützerkreises* zu erschließen. Im Speziellen liege der Fokus auf dem Beziehungsgeflecht der Familie:

> „Da gibt's persönliche Beziehungen, möglicherweise weniger Berührungs- ängste...Die sind dann schon wesentlich offener und geklärter. Da ist nicht mehr so viel Aufklärung nötig... Auf dem Wege funktioniert vieles leichter." (Experteninterview II)

Da die Beurteilung der beruflichen Eignung einerseits und der Arbeitsmarktfähigkeit andererseits das Ergebnis verschiedener Analyseverfahren (der Schule und der Sozialen Dienste) ist, liegt es in der Verantwortung des gesamten Netzwerkes,

Übereinkünfte zu erzielen, die im Interesse des einzugliedernden Jugendlichen liegen. Die Kooperation mit der Reha -Abteilung der BA beurteilt Herr Z. wie folgt:

„Wir arbeiten auch ganz gut inzwischen mit den Behörden zusammen. Definitiv gibt's da konkret an dieser Schule eine gute Zusammenarbeit…. dass dann die Hinweise, die Anregungen, die Erkenntnisse, die wir als IFD gewinnen, auch bei der BA Beachtung finden." (Experteninterview II)

„(…) also dann eben von unserem Ideenspektrum überzeugt werden müssen, um eine einvernehmliche Lösung zu finden. (…) Und für die BA ist es auch gut zu erleben, welcher Unterstützer gibt's, wie ist die eigene Meinung des Jugendlichen dazu, …was möchte er machen, wie kann er sich dazu einbringen…" (Experteninterview II)

Die Direktorin stellt den Anschluss leistungsbenachteiligter Schüler an das System der regulären Beschäftigung in Frage, da die Schwerpunkte im Schulalltag auf der Vermittlung alltagsbezogener Grundfertigkeiten liegen, während die für die reguläre Berufsschule vorausgesetzten Kulturtechniken aufgrund des weitaus höheren kognitiven Anspruches in den Hintergrund rücken. Insbesondere aus der Problematik des nicht berufsqualifizierenden Schulabschlusses resultiere ein sich bis in die Gegenwart fortsetzender Übergang in die WfbM bzw. in den FuB. Trotz der planvollen und ressourcenorientierten Beratungs- und Vermittlungsaktivitäten ergeben sich betriebliche Praktika bisher nur in Einzelfällen, was sie auf die seit Beginn des Modellprojektes noch geringfügige Zahl bestehender Beziehungen zu aufgeschlossenen Arbeitgebern zurückführt. Zuversichtlich wiederum berichtet Hr. Z. von dem bereits erschlossenen Netzwerk, wodurch sich fortlaufend neue Möglichkeiten für Praktika ergeben:

„(…) Wir haben als IFD ja auch in der Vergangenheit eine Reihe von Firmen kennengelernt und dort gute Kontakte geknüpft… als Netzwerk- potential einbringen. Das was die Schule und der IFD an Ideen einbringen kann, reicht in der Regel schon, um einen Platz zu finden." (Experteninterview II)

In dem Wissen um ein gut ausgebautes Beziehungsnetzwerk (Firmen) zeigt er sich zuversichtlich bezüglich des Überganges derzeitiger Praktikanten in ein anschließendes Arbeitsverhältnis.

Letztendlich sei aber die soziale Unterstützung der Familie der Schlüssel einer gelingenden beruflichen Einmündung. Herr Z. bekräftigte, dass seitens der Schule, des IFD und des Trägers zwar eine qualitative Vorarbeit hinsichtlich der Anbahnung des nachschulischen Bildungsweges geleistet werden kann, die familiäre Unterstützung aber ausschlaggebend sei, um ein vorhandenes Potential zielgerichtet umsetzen zu können. Dies begründet der Befragte damit, dass die Eltern, als vordergründige Erziehungspartner Berufswünsche und Arbeitshaltungen ihrer Kinder von Beginn an fördern und prägen.

Qualitätssicherung

Nachdem die Organisation des nachschulischen Bildungsverlaufes an dieser Schlüsselpassage begutachtet wurde, ist nachfolgend zu prüfen, ob die Qualität der zu leistenden Unterstützung auch am Arbeitsplatz gewährleistet ist. Diesbezüglich erklärte mir Herr Z., dass die Trägerschaft im Rahmen der Qualifizierungsphase - speziell der Maßnahme UB – über ein Ausschreibeverfahren erworben werden muss, an dem sich soziale Dienste, u.a. der IFD oder Bildungsträger, durch Vorlage eines Konzeptes beteiligen können. Als problematisch erweise sich, dass die Auswahl der Dienstleistenden dieser Institutionen auf ökonomischen Prinzipien beruht, wohingegen das Kriterium der Qualifikation marginalisiert wird. In Anbetracht der Komplexität des Arbeitsfeldes seien die per Gesetz (vgl. §112 SGB IX) geforderten fachgebundenen (Sozialpädagogik/ Rehabilitationspädagogik) Zusatzqualifikationen in der arbeits-pädagogischen und psychosozialen Betreuung jedoch gerechtfertigt. Auf die Frage, ob die Beratung und Betreuung trotz des unberücksichtigten Leistungsprofils durch jeden dieser Dienste langfristig abgesichert werden könne, schilderte er mir folgende Problematik: Wohl halten die Fachdienste (sozial)pädagogische Basisqualifikationen vor, diese stünden jedoch in einem Konflikt mit der leistungsungerechten Entlohnung. Aus dieser Diskrepanz resultiere ein fortlaufender Trägerwechsel, wodurch der Dienstleitende seine Rolle als Gestalter einer tragfähigen Beziehung zwischen den Vertragsparteien nicht beständig wahrnehmen kann. Nach Erkenntnissen des Befragten behindere der stetige Betreuungswechsel die für den Jugendlichen bedeutsame Bindung zu einer Vertrauensperson, um Schwierigkeiten gemeinsam bewältigen zu können:

„…wieder eine Neuaufnahme von Beziehungsarbeit erfolgt zu den beschäftigten geistig behinderten Menschen… und der Maßnahmeträger eigentlich dafür da sein sollte, die Klippen, die der junge Mensch erlebt zusammen… zu bewältigen. Das können die ja nicht, wenn die immer wieder neu an den Start gehen."(Experteninterview II)

Schlussfolgerungen / Zusammenfassung

In beiden Interviews wurde das Engagement betont, welches der *Unterstützerkreis* zur Eingliederung junger Absolventen in den allgemeinen Arbeitsmarkt einsetzt. Hervorgehoben wurde in diesem Zusammenhang der förderliche Einfluss eines multiprofessionellen Teams, dessen Qualität sich an einer koordinierten, auf das Leitziel konzentrierten Verzahnung aller Dienstleistungen und Kompetenzen bemisst. Als zweite tragende Säule wurde mir ein Handeln nach zielgebundenen Werthaltungen signalisiert. Geprägt seien diese durch das Leitmotiv, die Wünsche und Vorstellungen des Systems Familie in allen Phasen des Eingliederungsprozesses zu respektieren und mit den einzuleitenden Unterstützungsmaßnahmen in einen Einklang zu bringen. Der in diesem Zusammenhang Beachtung geschenkten Orientierung an Gesamtpersönlichkeit des jungen Menschen soll im Grundsatz der Erschließung und Verfolgung beruflicher Perspektiven dienen. Die dabei favorisierte Potentialanalyse bedarf meines Erachtens einer kritischen Begutachtung. Auf der einen Seite profitieren insbesondere Jugendliche mit geringwertigen arbeitsfeldbezogenen Kenntnissen oder Entscheidungsfähigkeiten von dem Instrumentarium zur Kompetenzfeststellung. Auf der anderen Seite sei zu hinterfragen, ob sich die im Ergebnis zeigenden sachbezogenen Fähigkeiten und psychosozialen Kompetenzen in jedem Fall mit den Resultaten aus der medizinischen/psychologischen Untersuchung vereinbaren lassen, um dem Anspruch an eine von Selbstbestimmung gekennzeichneten Zukunftsgestaltung gerecht zu werden. Eine aus der Unstimmigkeit des *Unterstützerkreises* erwachsende Inkongruenz könnte beispielsweise dazu führen, dass sich die analysierten Potentiale im Prozess der betrieblichen Einmündung nicht mit den dafür geeigneten Tätigkeitsfeldern zusammenführen lassen. Wie ersichtlich wurde, können Kompetenzen auch in dem Fall nicht zielgerichtet eingesetzt werden, wenn der Rückhalt durch das soziale Umfeld ausbleibt. Des Weiteren ist der hohe Stellenwert informeller Netzwerke zu diskutieren. In der Notwendigkeit, Arbeitsplätze über vorhandene persönliche Kontakte zu akquirieren (soziales Kapital) zeigen sich meiner Auffassung nach sowohl die grundsätzlich begrenzten Ressourcen am allgemeinen Arbeitsmarkt als auch die im besonderen für dieses Klientel erschwerte Vermittlung. Infolge des nicht zu deckenden Stellenbedarfes (bezogen auf die individuelle Wahlfreiheit des Arbeitsplatzes) einerseits und der Abhängigkeit von den Beziehungen im *Unterstützerkreis* andererseits resultieren ungleiche Teilhabechancen, die dem zu erwirkenden gleichberechtigten Zugang in reguläre Beschäftigungsverhältnisse entgegenwirken. Abschließend soll die im Gespräch mit dem IFD offensichtlich gewordene Problematik der Qualitätssicherung im Zeitraum der Qualifizierungsphase aufgegriffen werden. Die durch die BA organsierte Ausschreibung und Vergabe von Leistungen zur beruflichen Rehabilitation sollte ursprünglich den Wettbewerb um die Qualität fördern. Ausschlaggebend für die Entscheidung, in wessen Trägerschaft[22] die Maßnahme fällt, sind faktisch ökonomische Kriterien. Die in diesem Zusammenhang stehende untertarifliche Entlohnung bedingt, dass besonders qualifizierte Dienste entweder bereits innerhalb des Bewerbungsverfahrens ausscheiden oder sich ein wiederholter Trägerwechsel abzeichnet. Nicht auszuschließen ist infolgedessen eine besondere Benachteiligung für die Gruppe schwerstmehrfachbehinderter Menschen, deren Arbeitsplatzerhalt wesentlich von einer intensiven Begleitung abhängt.

Zum Abschluss der Untersuchung ist festzuhalten, dass die Berufswegeplanung insgesamt darauf ausgerichtet ist, dem Schulabgänger eine sichere *„Brücke"* in den allgemeinen Arbeitsmarkt zu *„bauen"*. Zielgerichtet werden die Ressourcen aller beteiligten Akteure zuzüglich der im Sozialraum verfügbaren Hilfen ausgeschöpft, um dessen Arbeitsmarktfähigkeit abzuklären und daraufhin personenzentrierte – d.h. dem Leistungshorizont und dem Bedürfnisspektrum entsprechende – Einsatzfelder im betrieblichen Kontext zu ermitteln und zu vermitteln Eine erfolgreiche Vermittlung und die Erhaltung des Arbeitsverhältnisses bedingen jedoch Faktoren, die über die Qualität der Dienstleistungen und deren Koordinierung hinaus gehen, darunter insbesondere die Rahmenbedingungen und Kapazitäten des Arbeitsmarktes sowie die Ausprägung der Behinderung und das familiäre Netzwerk des Einzugliedernden. Schlussfolgernd eröffnen sich Teilhabechancen vordergründig einer auserwählten Gruppe von Schulabgängern, während sich die Teilhabe am Arbeitsleben für besonders benachteiligte Jugendliche nachhaltig in einer WfbM oder sogar im FuB fortsetzt. Im Ergebnis widerspricht die damit offensichtlich gewordene Segmentierung von Bildungswegen Jugendlicher dem von den UN geforderten barrierefreien Zugangsrecht in ein offenes Beschäftigungssystem. Unter der Leitfrage, wie eine inklusive Arbeitskultur zu gestalten ist, die alle Menschen mit Behinderungen, unabhängig von Charakter und Leistungsstand an einem durchlässigen Arbeitsmarkt teilhaben lässt, sollen in dem sich anschließenden *„Fazit/Ausblick"* Überlegungen angestellt werden.

---

[22] Die Trägerschaft kann über die Teilnahme am Bewerbungsverfahren erworben werden.

Fazit/Ausblick

Die vorliegende Bachelorarbeit hatte zum Ziel, Möglichkeiten der beruflichen Teilhabe für die Personengruppe Menschen mit geistigen Behinderungen zu ergründen. Beleuchtet wurden sowohl Methoden der Ersteingliederung an der *Schnittstelle Schule – Arbeitswelt*, als auch konkrete Wege der Qualifizierung, welche auf eine dauerhafte Integration in den ersten Arbeitsmarkt abzielen.

Aus meiner Untersuchung geht hervor, dass sich der berufliche Werdegang – insbesondere leistungsbenachteiligter Jugendlicher – zu einem hohen Anteil in den benannten Sondereinrichtungen fortsetzt. Zurückführen lässt sich diese Problematik vordergründig auf unsere von Leistungsmaßstäben geprägte Gesellschaft sowie auf die wirtschaftliche Lage des Unternehmens. Um dieser flächendeckend sich zeigenden Ausgrenzung zielgerichtet entgegenwirken zu können, bedarf es besonderer Rahmenbedingungen – nämlich dem Engagement eines Netzwerkes aus Professionellen, Akteuren aus dem Sozialraum wie auch Angehörigen – unter Bereitstellung eines umfangreichen Instrumentariums an materiellen Unterstützungsleistungen für Arbeitgeber und Arbeitnehmer.

Die Bedeutsamkeit der Phase der Berufsorientierung und -vorbereitung belegt Schartmann (2000) durch Evaluationen, die Aufschluss über einen gelingenden Anschluss bzw. einen *nahtlosen* Übergang von der Schule in den ersten Arbeitsmarkt geben. Damit junge Menschen bundesweit von einem nachhaltigen Integrationsprozess profitieren können, fordert die Bundesvereinigung Lebenshilfe (2012) dazu auf, die gegenwärtig existierenden Rahmenvereinbarungen (2004), welche den Schulen einen umfangreichen Handlungsspielraum gewähren, per Gesetz als bundeseinheitliche Standards (z. B. Prozess der Berufswegekonferenz) festzulegen. Im Unterschied zu den Regelungen in der BRD gelten beispielsweise in den USA verbindliche Vorschriften zum Ablauf des Übergangs, die unter der Verantwortung des Schulträgers stehen (vgl. Doose 2005).

Um die Betreuungsqualität auch während der Berufsausbildung abzusichern, befürwortet die BAG UB, die Strukturverantwortung an die IFD zurück zu geben (www.bag-ub.de, Zugriff am 05.12.2012, 12:30 MEZ). Wie bewiesen werden konnte, gelingt der nachhaltige Verbleib in einem Arbeitsverhältnis am allgemeinen Arbeitsmarkt (fast) ausschließlich durch eine kontinuierliche Unterstützung am Arbeitsplatz. Nachweislicher Erfolg für einen langfristigen Erhalt zeigt sich in den Vermittlungszahlen in die Maßnahme UB, dessen Konzeption einerseits eine gleichberechtigte Teilhabe am Arbeitsleben und andererseits auf eine von staatlichen

Sicherungssystemen unabhängige Lebensführung abzielt. Die Begleitung des Arbeitnehmers durch Job Coaches und Arbeitsassistenten orientiert auf eine ganzheitliche Persönlichkeitsentwicklung des Arbeitnehmers und soll dabei sowohl auf dessen Erfolgserlebnisse im Arbeitsprozess als auch auf die vollwertige Teilhabe an demokratischen Prozessen (z. B. Gremien-Zugehörigkeit) hinwirken.

Auf der politischen Ebene (Behindertenpolitik) verfügt die BRD – fußend auf dem Gleichstellungsgebot (Art.3 GG) – über ein umfangreiches Werk an Leistungsgesetzen (AGG/BGG/SGB IX), welche die selbstbestimmte und gleichberechtigte Teilhabe behinderter und von Behinderung bedrohter Menschen u. a. am Arbeitsleben gewährleisten und zugleich deren *Wunsch- und Wahlrecht* unterstreichen. Damit die mit der Versäulung des Rechtssystems implizierte Klassifizierung in *behindert* und *nicht – behindert* schrittweise aufgelöst werden kann, bedarf es in Politik, Wirtschaft und Zivilgesellschaft insgesamt eines Selbstverständnisses von einer durch intellektuelle bzw. kulturelle Vielfalt geprägten (Arbeits-) Gesellschaft. Durch die Bereitstellung bedarfsgerechter Hilfen, die Aufklärung und Begleitung von Arbeitgebern wie auch das Einnehmen einer inklusiven Sichtweise bestehen meiner Ansicht nach Chancen, um die für die Entstehung einer *Behinderung* (ICF) verantwortlichen physischen als auch mentalen Barrieren abzubauen.

Bauliche Barrieren kamen in meiner Arbeit ausgesprochener Maßen nicht vor. Aber beim Bedenken der Lösungen von Problemen, wie behinderte Menschen in den Arbeitsmarkt eingegliedert werden, haben sie bei mir immer wieder gedanklich eine Rolle gespielt. Deshalb kann ich aus dem theoretischen Bedenken wie auch dem praktischen Erleben, vor welchen Problemen geistig behinderte Menschen stehen, wenn sie Hindernisse überwinden sollen, einschätzen, dass es eine besondere Aufgabe sein muss, praktikable Lösungen zu finden (aussagekräftige Symbole bzw. Piktogramme…). Man muss sich bewusst machen, dass behinderte Menschen über Begabungen und Potentiale verfügen, die eine Gesellschaft letztendlich bereichern. Die Beachtung und Umsetzung des Artikels 3 unseres GG ist natürliche Aufgabe jedes einzelnen Bürgers. Es bedarf aber, wie ich in meiner Arbeit am Beispiel der Eingliederung geistig behinderter Menschen in einen Arbeitsmarktbereich zeigte, eines ausgewogenen koordinierten und zielgerichteten Zusammenwirkens vieler politischer, wirtschaftlicher und gesellschaftlicher Kräfte, um der Umsetzung näher zu kommen und sie bestmöglich zum Gelingen zu bringen.

Literaturverzeichnis/Quellenverzeichnis

Literaturverzeichnis

BA:.Bundesagentur.für.Arbeit.(2012).Der.Arbeitsmarkt.2010. http://statistik.arbeitsagentur.de/StatischerContent/Arbeitsmarktberichte/Jahresbericht-Arbeitsmarkt-Deutschland/Generische-Publikationen/Arbeitsmarkt-2010.pdf (Zugriff am 06.09.2012, 13:00 MEZ).

BAG UB: Bundesarbeitsgemeinschaft für unterstützte Beschäftigung (2011). http://www.bag-ub.de/ifd/ifd_stellung_2011_05_01_Ausschreibung-IFD.pdf, Zugriff am 05.12.2012, 12:30 MEZ).

Becker, H. (2012). Arbeit, Inklusion und der Sozialraum von Menschen mit hohem Unterstützungsbedarf. Arbeitsweltbezogene Teilhabe durch Tagesstätten. In: Teilhabe, Jg. 51, H. 3, S. 127-133.

Bieker, R. (Hrsg.) (2005). Individuelle Funktionen und Potentiale der Arbeitsintegration. In: Bieker, R. (Hrsg.). Teilhabe am Arbeitsleben. Wege der beruflichen Integration von Menschen mit Behinderung. Stuttgart: Kohlhammer.

Biermann, H. (2008). Pädagogik der beruflichen Rehabilitation. Eine Einführung. 1. Auflage, Stuttgart: Kohlhammer.

Biermann, H. (2005). Pädagogische Konzeptionen in der Vorbereitung auf Ausbildung und Arbeit. In: Bieker, R. (Hrsg.). Teilhabe am Arbeitsleben. Wege der beruflichen Integration von Menschen mit Behinderung. Stuttgart: Kohlhammer.

BIH:.Bundesarbeitsgemeinschaft der Integrationsämter und Hauptfürsorgestellen.(Hrsg.).(2011).http://www.zbfs.bayern.de/imperia/md/content/blvf/integrationsamt/bih/bih_jahresbericht_2011.pdf (Zugriff am 06.09.2012, 13:00 MEZ).

Blesinger, B. (2005). Persönliche Assistenz am Arbeitsplatz. In: Teilhabe am Arbeitsleben. Wege der beruflichen Integration von Menschen mit Behinderung. Stuttgart: Kohlhammer.

BMAS: Bundesministerium für Arbeit und Soziales (2011). Unser Weg in eine inklusive Gesellschaft, Nationaler Aktionsplan der Bundesregierung zur Umsetzung des Übereinkommens der Vereinten Nationen über die Rechte von Menschen mit Behinderungen.

http://www.bmas.de/SharedDocs/Downloads/DE/PDF-Publikationen/a740-nationaler-aktionsplan-barrierefrei.pdf?__blob=publicationFile (Zugriff am 07.11.12, 15:20 MEZ).

BMFB: Bundesministerium für Bildung und Forschung (2012). Zugangswege junger Menschen mit Behinderung in Ausbildung und Beruf. Band 14 der Reihe Berufsbildungsforschung. www.bmbf.de/pub/band_vierzehn_berufsbildungsforschung.pdf (Zugriff am 02.10.2012, 15:00 MEZ).

Boban, I./ Hinz, A. (2001). Integrative Berufsvorbereitung. Unterstütztes Arbeitstraining für Menschen mit Behinderung. Neuwied, Kriftel, Berlin: Luchterhand.

Bundesvereinigung Lebenshilfe (Hrsg.) (2012). Teilhabe am Arbeitsleben personenzentriert ausgestalten. Positionspapier. Berlin: Lebenshilfe.

Burtscher, R., Ginnold, A. Hömberg, N. (2002). framing the Future, Zukunftskonferenzen und Wege zur beruflichen Integration. In:Forschung und Praxis der Unterstützten Kommunikation (Hrsg.), Karlsruhe: von Loepper, S. 170-182.

Ciolek, A. (2006). Das Ambulante Arbeitstraining der Hamburger Arbeitsassistenz. In: Hirsch, S. / Lindmeier, C. (Hrsg.). Berufliche Bildung von Menschen mit geistiger Behinderung. Neue Wege zur Teilhabe am Arbeitsleben. Weinheim und Basel: Beltz.

DIMDI - Deutsches Institut für Medizinische Dokumentation und Information.

http://www.dimdi.de/static/de/klassi/icd-10 gm/kodesuche/onlinefassungen/htmlgm2013/block-f70-f79.htm (Zugriff am 13.09.2012, 12:00 MEZ).

Dörner, K . (2006). Der Nationalsozialismus. In Wüllenweber, E./Theunissen, G./Mühl, H. (Hrsg). Pädagogik bei geistigen Behinderungen. Ein Handbuch für Studium und Praxis. Stuttgart: Verlag W. Kohlhammer.

Doose, S. (2012). Unterstützte Beschäftigung: Berufliche Integration auf lange Sicht. Theorie, Methodik und Nachhaltigkeit der Unterstützung von Menschen mit Lernschwierigkeiten durch Integrationsfachdienste und Werkstätten für behinderte Menschen auf dem allgemeinen Arbeitsmarkt. Eine Verbleibs- und Verlaufsstudie. Marburg: Lebenshilfe.

Doose, S. (2011). I want my dream!" Persönliche Zukunftsplanung. Neue Perspektiven und Methoden einer individuellen Hilfeplanung mit Menschen mit Behinderungen.
http://bidok.uibk.ac.at/library/doose-zukunftsplanung.html (Zugriff am 10.10.2012, 21:20 MEZ).

Doose, S. (2009). Inklusion und Unterstützte Beschäftigung. In: Impulse, Jg. 50, H. 2, S. 6 - 13.

Doose, S. (2007): Nicht vermittlungsfähig. In: Sozial Extra, Jg. 31, H. 5, S. 42 - 45.

Doose, S. (2005). Unterstützte Beschäftigung im Übergang Schule- Beruf. vds Landesverband Nordrhein-Westfalen (Hrsg.): Mitteilungen, o. Jg. H. 1, S. 5 - 19.

Duden Wirtschaft von A bis Z (2009). Grundlagenwissen für Schule und Studium, Beruf und Alltag. 4. Aufl. Mannheim: Bibliographisches Institut. Lizenzausgabe Bonn: Bundeszentrale für politische Bildung 2009.

Fasching, H. (2004). Problemlagen Jugendlicher mit Behinderungen in Bezug auf die berufliche Integration. In: Sasse, Ada/ Vitkovà, Marie/ Störmer, Norbert Integrations- und Sonderpädagogik in Europa. Professionelle und disziplinäre Perspektiven. Bad Heilbrunn: Klinkhardt.

Fritzsche, K. Peter (2009). Menschenrechte. 2. Auflage, Paderborn: Ferdinand Schöningh.

Frölich, E. /Bungart, J. (o. J.). EQUAL Entwicklungspartnerschaft „Talente" Entwicklung von Selbstbestimmung und Wahlmöglichkeiten. Modul Berufsvorbereitung und Netzwerkarbeit.

http://www.bag-ub.de/publikationen/Doku%20Berufsorientierung _Netzwerk.pdf (Zugriff am 12.10.2012, 21:20 MEZ).

Gläser, J./Laudel, G. (2006). Experteninterviews und qualitative Inhaltsanalyse als Instrument rekonstruierender Untersuchungen. 2. Auflage, Wiesbaden: VS Verlag. Hamburger Arbeitsassistenz. bEO – berufliche Erfahrung und Orientierung.

http://www.hamburger-arbeitsassistenz.de/projekte/archiv/beo/

Havelschule Brandenburg. Städtische Schule mit dem sonderpädagogischem Förderschwerpunkt „Geistige Entwicklung".

http://www.havelschule-brandenburg.de/

Hermes, G. (o. J.). Von der Segregation über die Integration zur Inklusion. www.zedis.uni-hamburg.de/.../segregation_integration_inklusion_gis.html (Zugriff am 29.09.2012, 18:30 MEZ).

Herriger, N. (2006): Empowerment in der Sozialen Arbeit. Eine Einführung. 3. ergänzte und aktualisierte Auflage, Stuttgart: Kohlhammer.

Hohn, K. (2009). Weg in den Beruf. Qualifizierungs- und Arbeitsmöglichkeiten für Menschen mit Lernschwierigkeiten. In: Impulse, Jg. 49, H. 1, S. 10-19.

Hradil, S. (2005). Soziale Ungleichheit in Deutschland. 8. Auflage, Wiesbaden: VS Verlag für Sozialwissenschaften.

ISB: Staatsinstitut für Schulqualität und Bildungsforschung München (2011).

http://www.isb.bayern.de/isb/index.aspx (Zugriff am 05.10.2012, 18:30 MEZ).

Lelgemann, R. (2005). Vorbereitung auf die nachschulische Lebenssituation und das Arbeitsleben. Eine komplexe Herausforderung für die Schule. In: Bieker, R. (Hrsg.) Teilhabe am Arbeitsleben. Wege der beruflichen Integration von Menschen mit Behinderung. Stuttgart: Kohlhammer.

Lemken, M./Eckhardt, C. (2008). Berufliche Übergangsperspektiven nach der Förderschule. Was Schulen tun (könnten). In: Der Paritätische Gesamtverband (Hrsg.) Berufliche Integration (lern-)behinderter Jugendlicher. Berufliche Perspektiven für Förderschülerinnen und Förderschüler. Berlin: Paritätischer Wohlfahrtsverband e.V., S. 31 - 44.

Lindmeier, C. (2006). Berufliche Bildung und Teilhabe geistig behinderter Menschen am Arbeitsleben. In: Wüllenweber, E./Theunissen, G./Mühl, H. (Hrsg.). Pädagogik bei geistigen Behinderungen. Ein Handbuch für Studium und Praxis. Stuttgart: Kohlhammer.

Mühl, H. (2006). Merkmale und Schweregrade geistiger Behinderung. In: Wüllenweber, E./Theunissen, G./Mühl, H. (Hrsg.). Pädagogik bei geistigen Behinderungen. Ein Handbuch für Studium und Praxis. Stuttgart: Verlag W. Kohlhammer.

Neuer-Miebach, T.. Behindertenhilfe in: Kreft, D. /Mielenz, I. (Hrsg.) (2008). Wörterbuch Soziale Arbeit. 6. Auflage, Weinheim und München: Juventa Verlag, S. 145 – 152.

Niedermair, C. (2005). Brückenbau Schule-Arbeitswelt. Aufgaben der Schule an dieser Schnittstelle mit Beispielen von Good Practise. In: Felkendorff, K./ Lischer, E. (Hrsg.). Jugendliche mit Behinderungen und Lernschwierigkeiten zwischen Schule und Berufsleben. Zürich: Pestalozzianum.

Oschmiansky, F. (2010). Folgen der Arbeitslosigkeit. Bundeszentrale für Politische.Bildung.

http://www.bpb.de/ politik/innenpolitik/arbeitsmarktpolitik/54992/folgen-der-arbeitslosigkeit (Zugriff am 22.09.2012, 13:15 MEZ).

Pons.eu. (o. J.). Das Sprachportal. Latein-Deutsch Wörterbuch.

http://de.pons.eu/latein-deutsch/excludere

http://de.pons.eu/latein-deutsch/integrare

http://de.pons.eu/latein-deutsch/includere

(Zugriff am 18.09.12, 15:00 MEZ).

Simon, F. (o. J.). Rechnungswesen Verstehen. Wirtschaft, Controlling, Finanzen.

http://www.rechnungswesen-verstehen.de/bwl-vwl/bwl/oekonomisches-prinzip.php (Zugriff am 06.09.2012, 12:00 MEZ).

Röh, D. (2009). Soziale Arbeit in der Behindertenhilfe. München, Basel: Ernst Reinhardt.

Schartmann, D. (2000). Der Übergang von der Schule in das Erwerbsleben. Möglichkeiten, Chancen und Risiken. In: Gemeinsam leben - Zeitschrift für integrative Erziehung, o. Jg., H. 1, S. 21 - 30.

Schier, F. (2005). Wege der beruflichen Bildung junger Menschen mit Behinderung im dualen System. In: Bieker, R. (Hrsg.) Teilhabe am Arbeitsleben. Wege der beruflichen Integration von Menschen mit Behinderung. Stuttgart: Kohlhammer.

Schmidt, S. (2011). **Integration vs. Inklusion.** http://www.silviaschmidt.de /behindertenpolitik/un-konvention/(Zugriff am 09.10.2012, 18:30 MEZ).

Schröder, H. / Knerr, P. /Wagner, M. (2009). Vorstudie zur Evaluation von Maßnahmen zur Förderung der Teilhabe behinderter und schwerbehinderter

Menschen am Arbeitsleben. Bonn: Bundesministerium für Arbeit und Soziales, Referat Information, Publikation, Radaktion.

Schüller, S./Wansing, G./Schäfers, M. (2005). Mit dem Persönlichen Budget arbeiten. In: In: Bieker, R. (Hrsg.) Teilhabe am Arbeitsleben. Wege der beruflichen Integration von Menschen mit Behinderung. Stuttgart: Kohlhammer.

Simon, F. (o. J.). Rechnungswesen Verstehen. Wirtschaft, Controlling, Finanzen.

http://www.rechnungswesen-verstehen.de/bwl-vwl/bwl/oekonomisches-prinzip.php (Zugriff am 06.09.2012, 12:00 MEZ).

Speck, O. (1999). Die Ökonomisierung sozialer Qualität. Zur Qualitätsdiskussion In: Behindertenhilfe und Sozialer Arbeit. München Basel: Ernst Reinhardt.

Speck, O. (2005). Menschen mit geistigen Behinderungen. Ein Lehrbuch für Erziehung und Bildung. München: Ernst Reinhardt.

Steinhart, I. (2012). Leitorientierung Inklusion. Eine Herausforderung für alle. In: Blätter der freien Wohlfahrtspflege. Deutsche Zeitschrift für Soziale Arbeit, Jg. 159, H.1, S. 14 – 17.

Textor, M. R. (o..J.). Piagets Theorie der kognitiven Entwicklung. http://www.kindergartenpaedagogik.de/1226.html (Zugriff am 22.09.2012, 13:13 MEZ).

Theunissen, G. (2009): Handbuch Empowerment und Inklusion behinderter Menschen. Eine Einführung in Heilpädagogik und Soziale Arbeit, 2. Auflage, Freiburg im Breisgau: Lambertus.

Theunissen, G. (2002): Behindertenarbeit im Zeichen einer Umorientierung. Inclusion, Partizipation und Empowerment. In: Soziale Arbeit. Zeitschrift für soziale und sozialverwandte Gebiete, Jg. 2010/11, H. 51, S. 362 – 370.

Uphoff, G./ Kauz, O./ Schellong, Y. (2010). Junge Menschen mit geistiger Behinderung am Übergang zum Erwachsenwerden. Bildungsprozesse und pädagogische Bemühungen. In: Zeitschrift für Inklusion, Jg. 10, H. 1, S. 122-124.

Weiand, E. (2005). Aufgaben und Handlungsmöglichkeiten der Berufsberatung. In: Bieker, R. (Hrsg.) Teilhabe am Arbeitsleben. Wege der beruflichen Integration von Menschen mit Behinderung. Stuttgart: Kohlhammer.

Wirtschaftslexikon 24.

http://www.wirtschaftslexikon24.net/d/marketing/marketing.htm (Zugriff am 14.09.12, 09:00 MEZ).

Wocken, H. (2011). Zur Philosophie der Inklusion. Spuren, Eckpfeiler und Wegmerken der Behindertenrechtskonvention. In: Teilhabe, Jg. 50, H. 2, S. 52 - 59.

Zitate Portal.

http://www.zitate-portal.com/ergebnisliste_css.php?g_autorid=723 (Zugriff am 08.10.12, 22:05 MEZ).

Quellenverzeichnis

Allgemeine Erklärung der Menschenrechte aus dem Jahr 1948.

http://www.un.org/Depts/german/grunddok/ar217a3.html (Zugriff am 11.09.2012, 15:30 MEZ).

Bundesgesetzblatt Jahrgang 2008, Teil II, Nr. 35, S. 1414 (2008). Gesetz zu dem Übereinkommen der Vereinten Nationen vom 13. Dezember 2006 über die Rechte von Menschen mit Behinderungen.

http://www.un.org/Depts/german/uebereinkommen/ar61106-dbgbl.pdf (Zugriff am 18.10.2012, 21:00 MEZ).

GG (2012). Grundgesetz der Bundesrepublik Deutschland vom 23.05.1949.

BGBl. I, S. 1478, Zuletzt geändert durch Art. 1 G vom 11.7.2012 I 1478 http://www.gesetze-im-internet.de/gg/BJNR000010949.html.

(Zugriff. am 18.10.2012, 21:00 MEZ).

SGB III (2010). Sozialgesetzbuch- Drittes Buch: Arbeitsförderung- Gesetz vom 24. 03.1997, BGBl. I, S. 594, zuletzt geändert d.d. Gesetz vom 14.04.12, BGBL. I,410.

http://www.gesetze-im-internet.de/sgb_3/index.html (Zugriff am 18.10.2012, 21:00).

SGB IX (2012). Sozialgesetzbuch- Neuntes Buch: Rehabilitation und Teilhabe behinderter Menschen. Vom 19.06.2001, BGBl. I, S. 1046 geändert d.d. Gesetz vom 12.04.2012, BGBl. I, S. 579.

http://www.gesetze-im-internet.de/bundesrecht/sgb_9/gesamt.pdf

(Zugriff am 18.10.2012, 21:00).

Vera Papadopoulos (2011): Inklusion und Exklusion. Menschen mit Behinderung und Arbeitslosigkeit

Inklusion im Zusammenhang mit der Sozialen Arbeit mit Menschen mit Behinderung

Der Begriff Inklusion wird mit verschiedenen Bedeutungen verbunden. Aus (sonder-)pädagogischer Sicht bezeichnet Inklusion den Prozess der Veränderung bestehender Strukturen, Ordnungen und Auffassungen mit dem Ziel, dass die Unterschiedlichkeit der einzelnen Menschen die Normalität ist. Die gesellschaftliche Teilhabe jedes Menschen soll dabei durch die benötigte individuelle Hilfe ermöglicht werden (Niehoff 2002:4).

Im Gegensatz zum systemtheoretischen Verständnis der Inklusion erfolgt keine Unterteilung in „System" und „Umwelt" (vgl. Vogel 2006:1).

Integration hingegen geht von der Betrachtung der sich unterscheidenden individuellen Menschen aus und bezeichnet den Prozess/ das Bestreben, unterschiedliche Menschen, z. B. Menschen mit Behinderung, in ein gesellschaftliches System einzugliedern. Integration geht somit von dem Vorhandensein einer Gesellschaft und parallelen „Randgruppen" aus, während Inklusion die Unterschiedlichkeit der Menschen als gegebenen Normalitätsfaktor betrachtet und von einer Gesamtheit ausgeht. „In Abgrenzung zum Begriff der Integration, der sich i. a. mit der Frage der Reintegration auseinandersetzt, wird es eine inklusive Gesellschaft erst gar nicht zur Ausgrenzung kommen lassen" (Niehoff 2002: 10).

Im Gegensatz zur Integration stellt Inklusion die Gleichwertigkeit der Menschen in den Vordergrund, z. B. sind im Menschen mit Behinderung im Sinne der Inklusion selbstverständlich gleichwertige Mitglieder der Gesellschaft. Integration hingegen geht von dem Bedarf aus, Menschen mit Behinderungen in die Gesellschaft einzugliedern. Nur oberflächlich betrachtet scheint Integration ein Prozess (mit Weg- und Zielbeschreibung) und Inklusion ein Zustand (des Einschlusses) zu sein; Inklusion ist jedoch noch kein gegenwärtiger Zustand, sondern ein gewünschtes Ideal einer neuen Gesellschaft; "Inklusion erfordert zuallererst ein gleichermaßen individuelles, gesellschaftliches und (Bildungs-)politisches Umdenken" (Dannenbeck 2011:17).

Spätestens seit dem Bekanntwerden des Übereinkommens über die Rechte von Menschen mit Behinderung, der UN- Menschenrechtskonvention, welche am 29.03.2009 in Kraft getreten ist, ist der Begriff Inklusion zum zentralen Ziel bei den Bemühungen um die Verbesserung der Situation von Menschen mit Behinderung geworden. Zentrale Begriffe sind „Zugehörigkeit" und „Teilhabe" (vgl.

Bernzen 2011: 24). Aus ethischer Sicht wird der Begriff „Inklusion" mit den Begriffen „Autonomie", „Befähigung" und „Anerkennung" verbunden (vgl. Spiess 2011:11). Mit dem Gedanken der Inklusion hat die Arbeit mit und für Menschen eine grundlegende Neuorientierung, einen Paradigmenwechsel, erfahren (vgl. Bernzen 2011: 26).

Systemtheoretiker kritisieren das aus pädagogischer Sicht verkürzte Inklusionsverständnis (vgl. Dannenbeck 2009: 17). Sie weisen darauf hin, dass Inklusion, im Gegensatz zu Integration, unteilbar ist: Inklusion schließt Grenzen der Inklusionsfähigkeit aus. Es dürfen nicht die körperlichen, psychischen oder geistigen Eigenschaften der Menschen sein, welche entscheidend für den Ort und die Bedingungen der Teilhabe an Bildung und Gesellschaft sind; es ist eine bildungspolitische Aufgabe, die durch die Bedingungen der jeweiligen gesellschaftlichen Teilsysteme erzeugten Barrieren für Teilhabe zu beseitigen. Parallel ergeben sich daraus die (provokante) Frage nach der gesellschaftlichen Bedeutung von Menschen mit Behinderung, ihre Funktionen sowie die Bedingungen und Prozesse ihrer Reproduktion durch Politik, Öffentlichkeit und Fachdisziplinen. Spannend ist die Betrachtung des Aspektes Kommunikation: entsprechend des Paradigmas der Theorie sozialer Systeme, dass nicht Menschen der Ausgangspunkt für eine Beobachtung der sozialen Wirklichkeit sind, sondern Kommunikation, ergibt sich die Frage, welche Rolle/ Funktion Menschen mit Behinderung erfüllen, die nicht sprechen und nur nonverbal kommunizieren können.

Nach Luhmann wird Integration nicht mehr mit den Aspekten Gleichgewicht und Harmonie in Zusammenhang gebracht und auch nicht mehr mit einer positiven gesellschaftlichen Entwicklung. Integration ist demnach als Einschränkung von Freiheitsgraden eines Systems als Folge seiner Abhängigkeit von anderen Systemen in seiner Umwelt zu verstehen (vgl. Weber 2009:3).

Inklusion bezieht sich, aus systemtheoretischer Sicht, nicht ausschließlich auf die Lebenssituation von Menschen mit Behinderung. Dieser Gedanke verleitet dazu, sich hauptsächlich auf deren Integrationsbedarf zu konzentrieren. Bei der Inklusion geht es (im Gegensatz zur Integration) nicht mehr um die Frage, wie einzelne Personen mit bestimmten Eigenschaften (z. B. Behinderung oder abweichendem Verhalten) in ein bestehendes gesellschaftliches System aufgenommen werden, sondern um die Frage, wie gesellschaftliche Voraussetzungen so verändert werden können, dass Menschen mit ihren individuellen „Besonderheiten" gut in dieser Gesellschaft leben können. Folglich gäbe es keine separierenden Fürsorgesysteme mehr, sondern Lebensräume mit gleichen (barrierefreien) Zugangschancen (vgl. Spiess 2010: 13).

Hinz und Boban betonen in Bezug auf den Inklusionsbegriff zum Beispiel die Überwindung einer negativen Sicht von Behinderung. Inklusion meint in ihrem Verständnis die „selbstverständliche Anerkennung aller" (Hinz 2004:11). Das pädagogische Inklusionsverständnis beinhaltet, im Gegensatz zum systemtheoretischen Inklusionsverständnis, die Vorstellung einer Gesellschaft, die interne Differenzierung in unterschiedliche Teilsysteme negiert. Eine heterogene Gesellschaft, in Form eines Ideals, wird als Normalität betrachtet. Sie kann über gesellschaftliche Veränderungsprozesse erreicht werden (vgl. Hinz 2002: 356f).

Umgang mit Behinderung – Realität und normative Vorschläge

„Inklusion zielt ab auf eine Gesellschaft, in der die verschiedenen Menschen als gleichberechtigte Bürger miteinander leben können" (vgl. Hinz, Niehoff, 2008) Niehoff und Hinz verbinden mit dem Begriff „Inklusion" eine grundsätzlich heterogene Gesellschaftsstruktur. Sie propagieren die Idee der „Ent-Institutionalisierung" im Umgang mit Menschen mit Behinderung. Sie sollen als selbstverständliche Bürger einer Gemeinschaft, und weder als „Patienten" noch als „Klienten" bezeichnet und betrachtet werden. Menschen mit geistiger Behinderung sollen laut Niehoff in der örtlichen Gemeinschaft, mit deren Unterstützung, leben, wohnen und arbeiten; er erklärt diese Idee am Modell des „Community Care" (Niehoff 2002:5ff). Die Unterstützung soll dementsprechend aus dem eigenen sozialen Netzwerk erfolgen. Dabei sollen die gesellschaftliche Position der Menschen, ihr Einfluss und ihre Lebensqualität verbessert werden. Konkrete Ideen für die inhaltliche Gemeindearbeit werden von von Lübke genannt (vgl. Niehoff 2002: 10). Niehoff spricht sich, entsprechend der UNESCO- Deklaration (UNESCO- UN- Komitee für die Rechte des Kindes, 1997) gegen spezielle sonderpädagogische Einrichtungen aus. Er plädiert für eine Ausrichtung der Hilfen am Einzelfall und an einem bedarfsgerechten Maß an Assistenz (Niehoff 2002:5). Grundlage der individuellen Assistenzplanung ist der Wunsch des Menschen mit Behinderung. Voraussetzung einer funktionierenden „Community Care" ist die Fähigkeit und Bereitschaft der Bürger, Menschen mit Behinderung zu unterstützen (Niehoff 2002:5).

Hinz beschreibt in seiner Erörterung fünf Ebenen, welche bei dem Ziel, Inklusion auf der Basis von Heterogenität zu verwirklichen, zu beachten sind: die Ebene der Person, der Interaktion, der Handlung, der Institution und der gesellschaftlichen Normen (Hinz o. J.: 11ff). Auch er spricht sich für das Modell der „persönlichen Assistenz am Modell individueller Unterstützung" aus.

Beide Autoren plädieren für eine „Umgestaltung der Umwelt in eine inklusive Gesellschaft"; als Voraussetzung zur Erreichung dieses Ziels benennen sie den Bedarf einer „veränderten Sichtweise" auf die Menschen mit Behinderung (vgl. Hinz o. J.: 15, Niehoff 2002:9).

Dabei gehen sie von der reellen Grundlage aus, dass Menschen mit Behinderung einen Assistenz- oder Dienstleistungsbedarf haben (vgl. Niehoff 2002:9). Umwelthindernisse erschweren die Selbstbestimmung und Teilhabe der Menschen mit Behinderung (Hinz o. J.:15). Niehoff weist in seinem Artikel darauf hin, dass

Kostenneutralität und Pauschalisierungen nicht den individuellen Hilfebedarf berücksichtigen (vgl. Niehoff 2002:4). Er spricht sich für flexible ambulante Hilfen aus, welche sich am individuellen Bedarf und Anspruch des Menschen mit Behinderung orientieren (vgl. Niehoff 2002:5). Eine „Schule für alle" zu realisieren, ist mit erheblichen Schwierigkeiten verbunden. Dennoch gibt es im Bildungsbereich einige erfolgreiche Modellprojekte, welche Begegnungen der unterschiedlichen Menschen ermöglichen und auf ein gemeinsames Lernen ausgerichtet sind (vgl. Niehoff 2002:6). Niehoff beschreibt die Diskrepanz zwischen Anspruch und Realität: der Bedarf des Kompetenztransfers durch Beratung von öffentlichen Institutionen einerseits und andererseits die Betreuung, Behandlung und Begleitung von Menschen mit Behinderung (vgl. Niehoff 2002:6).

Er spricht von einem Leitbild der Normalisierung und von Gemeinwesenarbeit als Zukunftsmodell der praktizierten Inklusion. Er kritisiert, dass wirtschaftliche, strukturelle, und andere Aspekte häufig im Vordergrund stünden, der Mensch ins System passen müsse und es nicht das System sei, welches sich dem individuellen Bedarf anpassen müsse (vgl. Niehoff 2002:7). Dementsprechend plädiert er für den induktiven (statt deduktiven) Ansatz vom persönlichen Bedarf des Einzelnen und für die Erstellung eines maßgerechten Dienstleistungsangebots (vgl. Niehoff 2002: 7). Als Beispiel eines flexiblen Dienstes benennt Niehoff das „Supported Living"-Modell aus den USA: Menschen können wählen, wo und mit wem sie leben, welche Hilfe sie bekommen und wie sie ihr Leben gestalten (vgl. Niehoff 2002: 8). Konträr der systemtheoretischen Überzeugung Luhmanns, dass es ein System und eine Umwelt, bzw. funktionsbezogene Teilsysteme gibt, plädieren Niehoff und Hinz für *eine* heterogene Gemeinschaft. Gleich ist das Plädoyer für den Arbeitsansatz und die Arbeit im und mit dem System des Menschen. Der besondere Bedarf von Menschen mit Behinderung wird von Niehoff und Hinz nicht negiert, erwartet aber ein anderes Selbstverständnis aller Bürger und professionellen Helfer. Sie sollen „Verbindungselemente und Wegbereiter" (vgl. Niehoff 2002:8) sein, welchen Menschen mit Behinderung ein möglichst selbstbestimmtes und würdevolles Leben in ihrer Umgebung ermöglichen. Am Modell der „offenen Hilfen" (vgl. Niehoff 2002: 10ff) erklärt Niehoff, unter welchen Voraussetzungen und mit welchen Mitteln seine Idee der Inklusion zu verwirklichen ist.

Als wegweisende Norm benennt Hinz den Bedarf, von einer „sonderpädagogischen Orientierung der Integrationsdebatte hin zu einer allgemein pädagogischen Verantwortung der Inklusionsfrage zu kommen" (Hinz o. J.:16).

Anwendung der Arbeitsansätze auf meinen Arbeitsbereich (Projektleitung MAE- Maßnahmen)

Ich beziehe diese Frage auf meine Tätigkeit als Projektleitung von 2 MAE- Maßnahmen und überprüfe die Anwendung des Community Care- Modells und den „offenen Hilfen".

Entsprechend des Community Care- Modells sollen Menschen nicht aus ihrer familiären Umgebung und in spezielle Institutionen gebracht werden, sondern in ihr primäres Netzwerk integriert werden (Niehoff 2002:5). Eine Exklusion, wie sie durch die verpflichtende Teilnahme an MAE- Maßnahmen mit dem Ziel der Integration auf den ersten Arbeitsmarkt erfolgt, widerspricht der Idee des Community Care. Die (biographischen) Hintergründe der Arbeitslosigkeit der Teilnehmerinnen werden zudem exkludiert. Da die Teilnehmerinnen i. a. multiple soziale Probleme haben, wäre eine Form der umfassenden Hilfe, welche die individuellen Ziele und die Zukunftsvision der betreffenden Menschen als Grundlage hat, empfehlenswert. Meine Erfahrung in dem Arbeitsbereich ist, dass die Teilnehmerinnen eine umfassende Unterstützung (z. B. in den Bereichen Familie, Wohnen, Bildung) benötigen und es nicht ausreichend ist, sich auf die Beseitigung des (stigmatisierenden) Negativ- Faktors Arbeitslosigkeit zu fokussieren. In Form von offenen und flexiblen Hilfen könnten Menschen selbsthilfeorientiert Unterstützung erhalten (vgl. Niehoff 2002:11). Sowohl Community Care und offene Hilfen setzen voraus, dass es eine Vernetzung der verschiedenen Hilfsangebote und Institutionen gibt und es ein Wissen über die Kompetenzen der Bürger gibt. So wäre es z. B. denkbar, dass arbeitslose junge Menschen in ihrem Kiez, in welchem sie sich auskennen und integriert sind, Praktika durchführen, um reelle Arbeitsbedingungen kennenzulernen.

Hinz und Niehoff beschreiben die Vision einer Gesellschaft, welche alle Menschen mit ihrer Verschiedenheit inkludiert. Somit sprechen sie sich gegen spezielle sonderpädagogische Lebens- und Arbeitsangebote durch spezielle Institutionen aus (vgl. Hinz o. J.14, Niehoff 2002:9). Die „Auflösung von Leistungsanbieterstrukturen" (vgl. Bernzen 2011: 25) wird jedoch in der Praxis ein schweres Unterfangen sein: viele Institutionen haben sich gesellschaftlich und wirtschaftlich etabliert und haben auch Vorteile für Menschen mit besonderem Bedarf, können z. B. Schutz und Barrierefreiheit und i. a. eine Rundum- Versorgung mit Therapeuten und Freizeitangeboten bieten.

Bernzen stellt in seinem Artikel die Frage, ob Menschen mit Behinderung eine Pflicht zur Inklusion haben (vgl. Bernzen 2011: 24). Mir stellt sich ergänzend die provokante Frage, ob Menschen mit „sozialer Behinderung" kein Recht auf Selbstbestimmung bei der Wahl der arbeitsmarktpolitischen Fördermaßnahmen haben. Aus Gesprächen mit den Teilnehmerinnen habe ich erfahren, dass sie keine eigenen Fördervorschläge einbringen können und den MAE- Maßnahmen zugewiesen werden, ohne im Vorfeld Informationen zu erhalten. Das ist weder ein würde- und respektvoller Umgang mit dem Menschen, noch findet der Aspekt der Kompetenzorientierung Beachtung.

Effektives Community Care und offene Hilfen sollten, meinem Erachten nach, idealerweise aus einer Kooperation von Bürgern, Fachkräften und Institutionen bestehen. Beziehungsangebote in Form von offener Gruppenarbeit, gemeinsamer Festgestaltung usw. können einen Vertrauensaufbau ermöglichen und die Aufmerksamkeit und Verantwortlichkeit der einzelnen Menschen füreinander entwickeln und festigen. Ausgehend davon, dass die Menschen in *ihrem* System Anerkennung erfahren, erscheint es förderlich, den Arbeitsansatz der sozialen Arbeit auch in *ihr* System, welches ihnen Sicherheit und Orientierung bietet, zu verlagern. Soziale Arbeit steht dabei immer in dem Spannungsfeld von Unterstützung und Autonomie (vgl. Spiess 2011:13). Community Care und offene Hilfen setzen wechselseitige Aufmerksamkeit und Verantwortung voraus; nur so ist es möglich, dass Menschen mit den Leitgedanken Autonomie, Befähigung und Anerkennung leben können und in demokratische Prozesse inkludiert werden (vgl. Spiess 2011:16). Eine effektive, bedarfsgerechte und fördernde Arbeit bedarf der Wachsamkeit, Bereitschaft und Fähigkeit zur professionellen Selbstreflexion der Helfer (vgl. Dannenbeck 2011: 20). „Für den Hilfeprozess brauchbare Beschreibungen, Bedeutungen oder Bewertungen der Probleme müssen kommunikativ im Hilfesystem erarbeitet und eine gemeinsame Problemdefinition beschrieben werden" (Kleve 2003:10). Kleve verdeutlicht damit, dass es einen Bedarf an interaktiven und kommunikativen Aushandlungs- Prozessen gibt. Ein besonderes Augenmerk richte ich dabei auf die Aspekte Sprache und Kommunikation, da sie für viele Menschen mit eine große Hürde darstellen (Niehoff 2008: 13). Ganz offensichtlich ist die Sprache bei den Migrantinnen in den MAE-Maßnahmen eine große Hürde und bringt Hemmungen im Umgang mit Mitmenschen mit sich. Auch die deutschen Frauen aus der anderen Maßnahme (Schwangere und junge Mütter) verfügen aufgrund ihrer biographischen Voraussetzung über eine eingeschränkten (oder besser und bewertungsfreier ausgedrückt: anderen) Kommunikationsfähigkeit. Hier gilt es, sie bei der

Artikulation ihrer Wünsche und Zukunftsvorstellungen zu unterstützen, da sie die Grundlage für ihre Zukunftsplanung sind.

Grundsätzlich ist mein Eindruck, dass es oft an kreativen Ideen fehlt, um Menschen wunsch- und bedarfsgerecht zu unterstützen. Es sind auch unkonventionelle und mutige Ideen gefragt, welche nicht an strukturellen, politischen und gesellschaftlichen Gründen scheitern dürfen.

Ich plädiere nicht für eine grundsätzliche Ent- Institutionalisierung, sondern für möglichst umfassende präventive Angebote, welche die Unterbringung von Menschen in Institutionen und somit Exklusion verhindern können. Es muss nicht ausschließlich das Modell Communitiy Care, die offenen Hilfen oder Institutionen geben. Eine enge Kooperation, Vernetzung und Evaluation aller Angebote erachte ich als gute Grundlage für eine erfolgreiche soziale Arbeit. „Sozialraumorientierung" und „Quartiersmanagement" sind im sozialen Bereich bereits übliche Projektmodelle.

Bezüglich meiner beruflichen Tätigkeit sehe ich den dringenden Bedarf, dass allen Kindern gleiche Bildungschancen eröffnet werden, da Armut und Bildungsarmut immer noch die häufigsten Ursachen für Arbeitslosigkeit im Erwachsenenalter sind. Besonders bei den Übergängen zwischen Schule und Beruf bedarf es intensiver individueller Förderungs- und Unterstützungsmöglichkeiten.

LITERATURVERZEICHNIS

Bernzen, C.(2011): Inklusion und Institution- Anforderungen aus einem Paradigmenwechsel. In: Forum sozial, Heft 1/2011. Berlin: DBSH

Dannenbeck, C./ Dorrance, C. (2009): Inklusion als Perspektive (sozial)pädagogischen Handelns- eine Kritik der Entpolitisierung des Inklusionsgedankens. In: Inklusion- online. Zeitschrift für Inklusion. Nr.2, 2009

Dannenbeck, C. (2011): Inklusion- Anspruch und Wirklichkeit. In: Forum sozial, Heft 1/2011. Berlin: DBSH

Hinz, A. (o. J.): Vom sonderpädagogischen Verständnis der Integration zum integrationspädagogischen Verständnis der Inklusion?! FH Potsdam PDF-Text-Download von [basa-online], Stand 23.08.2011

Hinz, A. (2002): Von der Integration zur Inklusion – terminologisches Spiel oder konzeptionelle Weiterentwicklung? In: Zeitschrift für Heilpädagogik 9/2002, 354-361

Hinz, A. / Boban, I. (2004): Qualität des Gemeinsamen Unterrichts (weiterentwickeln –) Inklusion. In: Leben mit Down-Syndrom 45/2004, 10-14.

Hinz, A./ Niehoff, U. (2008): Bürger sein! Zur gesellschaftlichen Position von Menschen, die als geistig behindert bezeichnet werden. In: Fachzeitschrift „Geistige Behinderung", 2 -2008

Kleve, H. (2003): Sozialarbeitswissenschaft, Systemtheorie und Postmoderne. Grundlegungen und Anwendungen eines Theorie- und Medienprogramms. Freiburg: Lambertus

Niehoff, U. (2002): Ausgrenzung verhindern! Inklusion und Teilhabe verwirklichen. Fachdienst der Lebenshilfe. FH Potsdam, PDF-Text-Download von [basa-online], letzter Zugriff 23.08.2011

Niehoff, U. (2008): Inklusion- eine Herausforderung für die Lebenshilfe und die Behindertenhilfe. Vorabdruck aus dem Fachdienst der Lebenshilfe 2/2008

URL: http://www.lebenshilfe.de/wDeutsch/aus_fachlicher_sicht/artikel/Inklusion-eine_Herausforderung_fuer.php?listLink=1 letzter Zugriff 01.09.2011

Spiess, C. (2011): Der Inklusionsbegriff aus ethischer Sicht. In: Forum sozial, Heft 1/2011. Berlin: DBSH

Einzelpublikationen

Torsten Scholz (2012): Inklusion von Menschen mit geistiger Behinderung am Arbeitsplatz vor dem Hintergrund der UN-Konvention für Behindertenrecht. Die aktuelle Beschäftigungssituation in den Werkstätten für behinderte Menschen (WfbM) und ein Ausblick in die Zukunft
ISBN: 978-3-656-26892-5

Franziska Haas (2013): Soziale Inklusion. Integration von Menschen mit geistiger Behinderung in den Arbeitsmarkt
ISBN: 978-3-656-41489-6

Vera Papadopoulos (2011): Inklusion und Exklusion. Menschen mit Behinderung und Arbeitslosigkeit
ISBN: 978-3-656-37674-3

UNESCO- UN- Komitee für Rechte des Kindes (1997): Inklusion ist Zentrum für Menschenrechte, Genf

Vogel, H.C. (2006): Inklusion versus Exklusion. FH Potsdam, PDF- Text- Download von [basa-online], letzter Zugriff 01.09.2011

Wagner, T. (2006): Inklusion /Exklusion. Darstellung einer systemtheoretischen Differenz und ihre Anwendung auf illegale Migration. Frankfurt: IKO-Verlag für Interkulturelle Kommunikation

Weber, M. (2009): Inklusion und Behindertenhilfe – Anmerkungen aus systemtheoretischer Sicht. Erschienen im Symposiums band: Krönchen, Sabine (Hrsg.): Vielfalt und Inklusion – Herausforderungen an die Profession und die Ausbildung in der Sozialen Arbeit und der Kulturpädagogik, XIV. European Social Work Symposium, 27.-28.04.2009, Hochschule Niederrhein

http://www.hpz-krefeld.de/Portals/15/docs/Oktober 2010/Inklusion und Behindertenhilfe Weber.pdf, letzter Zugriff 02.09.2011